Easy Steps to Chinese for Kids

轻松学中文
少儿版

2b
Workbook
英文版

Yamin Ma
Xinying Li

北京语言大学出版社
BEIJING LANGUAGE AND CULTURE
UNIVERSITY PRESS

图书在版编目（CIP）数据

轻松学中文练习册：少儿版：英文版. 2b练习册 ／ 马亚敏，李欣颖编著. —北京：北京语言大学出版社，2012.5(2023.2重印)
(轻松学中文)
ISBN 978-7-5619-3277-3

Ⅰ.①轻… Ⅱ.①马…②李… Ⅲ.①汉语—对外汉语教学—习题集 Ⅳ.①H195.4

中国版本图书馆CIP数据核字（2012）第083435号

书　　名	**轻松学中文**（少儿版）英文版 练习册2b QINGSONG XUE ZHONGWEN (SHAO'ER BAN) YINGWEN BAN LIANXICE 2b
责任编辑	王亚莉　孙玉婷
美术策划	王　宇
封面设计	王　宇　王章定
版式设计	北京鑫联必升文化发展有限公司
责任印制	邝　天
出版发行	北京语言大学出版社
社　　址	北京市海淀区学院路15号　邮政编码：100083
网　　址	www.blcup.com
电　　话	编辑部 8610-82303647/3592/3395 国内发行部 8610-82303650/3591/3648/3653 海外拓展部 8610-82300309/3365/0361/3080
网上订购	8610-82303668　service@blcup.com
印　　刷	北京博海升彩色印刷有限公司
经　　销	全国新华书店
版　　次	2012年5月第1版　2023年2月第10次印刷
开　　本	889mm×1194mm　1/16　印张：4
字　　数	15千字
书　　号	ISBN 978-7-5619-3277-3/H.12058 04800

©2012 北京语言大学出版社

***Easy Steps to Chinese for Kids** (Workbook) 2b*
Yamin Ma, Xinying Li

Editors	Yali Wang, Yuting Sun
Art design	Arthur Y. Wang
Cover design	Arthur Y. Wang, Zhangding Wang
Graphic design	Beijing XinLianBiSheng Cultural Development Co., Ltd.

Published by
Beijing Language & Culture University Press
No.15 Xueyuan Road, Haidian District, Beijing, China 100083

Distributed by
Beijing Language & Culture University Press
No.15 Xueyuan Road, Haidian District, Beijing, China 100083

First published in May 2012
Printed in China
Copyright © 2012 Beijing Language & Culture University Press

All rights reserved. No part of this book may be reproduced, stored in a retrieval system, or transmitted, in any form or by any means, electronic, mechanical, photocopying, recording or otherwise, without prior permission in writing from the publisher.

Website: www.blcup.com

ACKNOWLEDGEMENTS

A number of people have helped us to put the books into publication. Particular thanks are owed to the following:

- 戚德祥先生、张健女士、苗强先生 who trusted our expertise in the field of Chinese language teaching and learning

- Editors 王亚莉女士、唐琪佳女士、黄英女士、孙玉婷女士 for their meticulous work

- Graphic designers 王章定先生、李越女士 for their artistic design for the cover and content

- Art consultant Arthur Y. Wang for his professional guidance and artists 陆颖女士、孙颉先生、陈丽女士、凌琳女士 for their artistic ability in beautiful illustration

- Chinese teachers from the kindergarten section and Heads of the Chinese Department of Xavier School 李京燕女士、余莉莉女士 for their helpful advice and encouragement

- And finally, members of our families who have always given us generous support

CONTENTS 目 录

Lesson 1	It is Monday today.	今天星期一	2
Lesson 2	What time is it?	几点了	10
Lesson 3	Stationery	铅笔、橡皮	18
Lesson 4	My classroom	我的教室	26
Lesson 5	Animals	老虎、大象	34
Lesson 6	Big or small	大小、多少	42
Lesson 7	Snacks	糖果、蛋糕	50

第一课 今天星期一

1. Colour in the days of the week with the colours given.

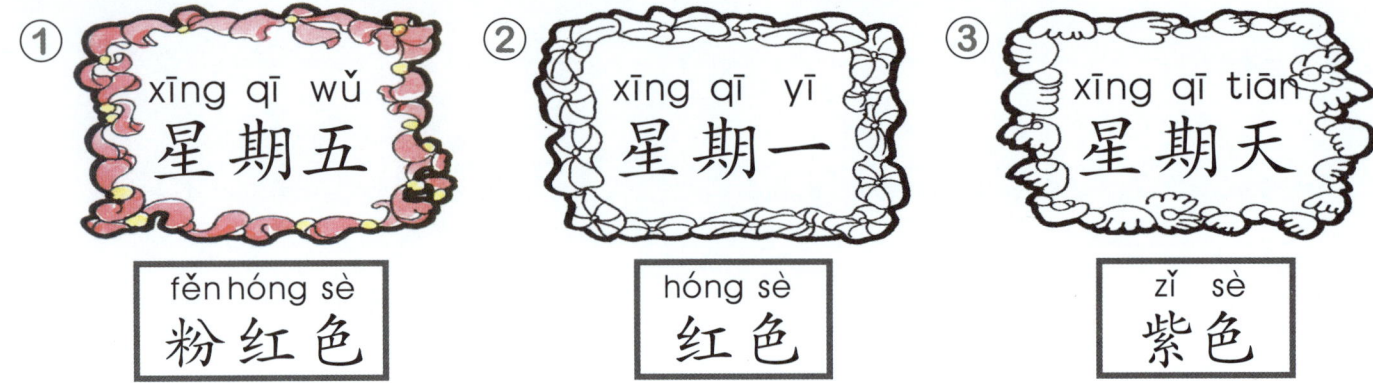

2. Count up each type of item and write down the numbers in Chinese.

wá wa 娃娃 五	wán jù xióng 玩具熊	wán jù huǒ chē 玩具火车	yī fu 衣服
yá shuā 牙刷	shū zi 梳子	wán jù fēi jī 玩具飞机	xié zi 鞋(子)

3. Match the Chinese with the English.

① 星期一，我吃苹果。 — I eat apples on Monday.

② 星期二，我吃香蕉。 — I eat bananas on Tuesday.

③ 星期三，我吃葡萄。 — I eat grapes on Wednesday.

④ 星期四，我吃草莓。 — I eat strawberries on Thursday.

⑤ 星期五，我玩儿游戏。 — I play games on Friday.

⑥ 星期六，我看书。 — I read books on Saturday.

⑦ 星期天，我画画儿。 — I draw pictures on Sunday.

⑧ 今天我写字。 — I write characters today.

4. Match the days of the week with the colour words according to the textbook.

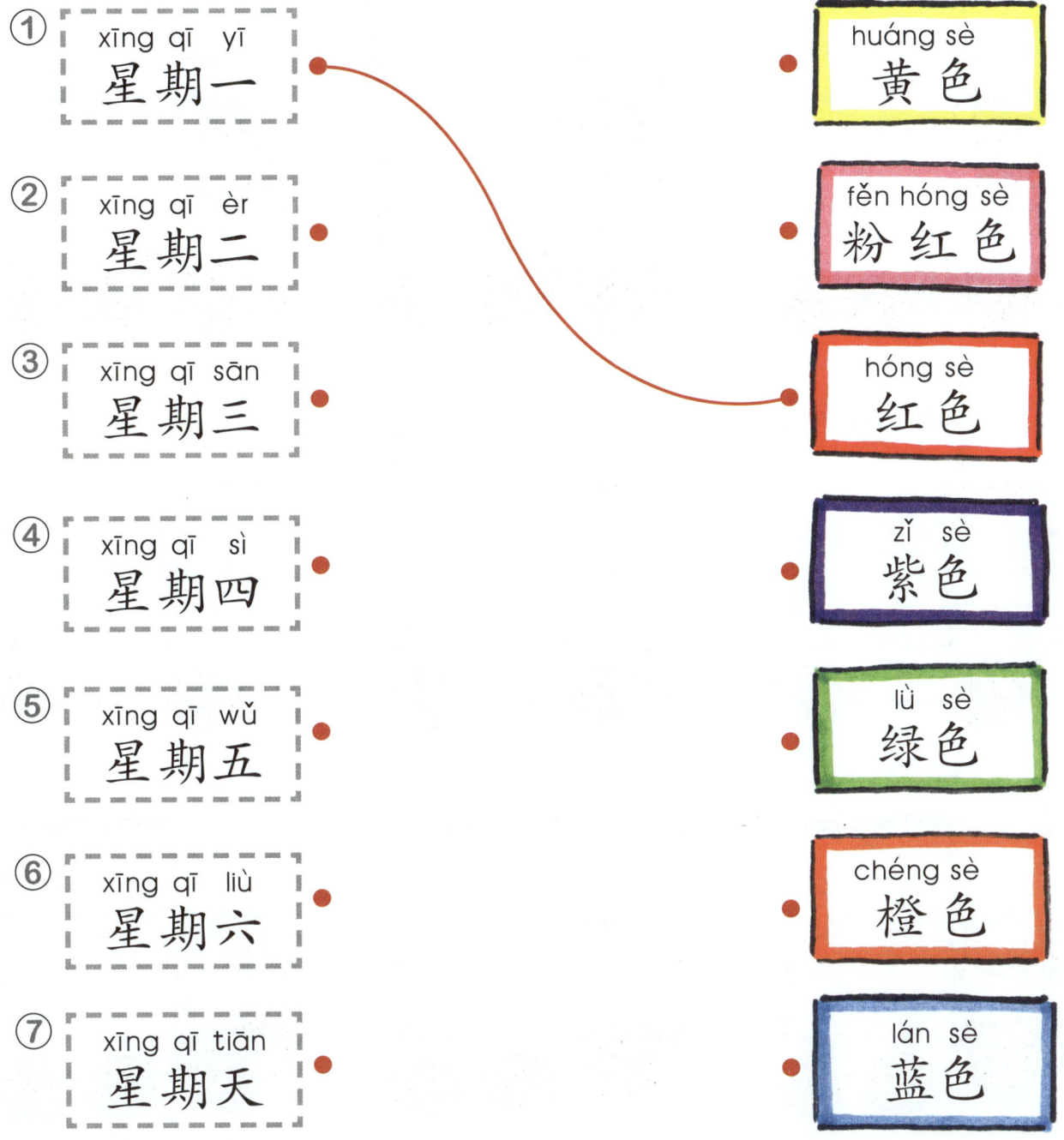

5. Write down the sums in Chinese.

6. Find the strokes and trace them with the colours given. Count up each type of stroke and write down the numbers in Chinese.

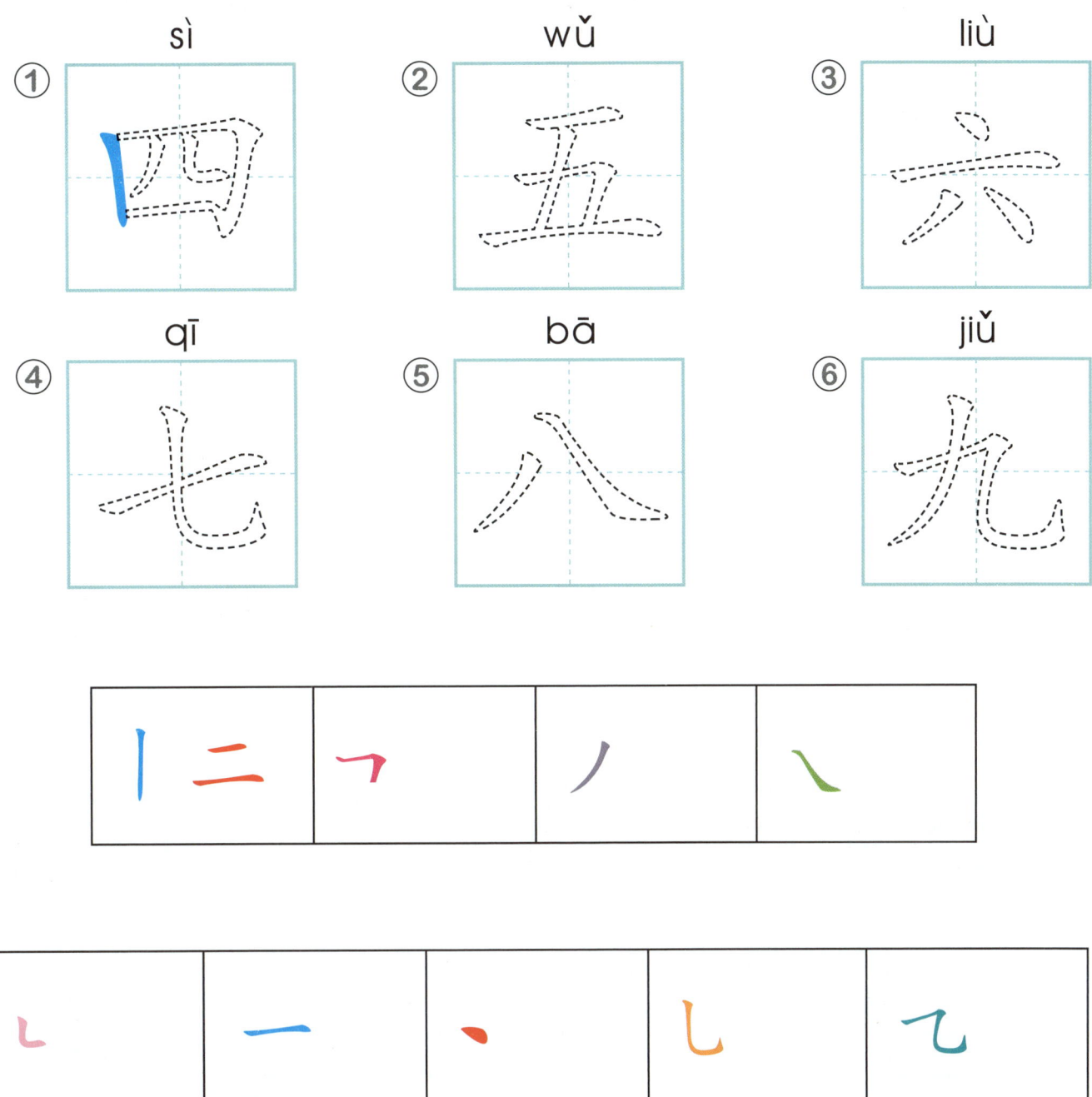

7. Write down numbers by following the patterns.

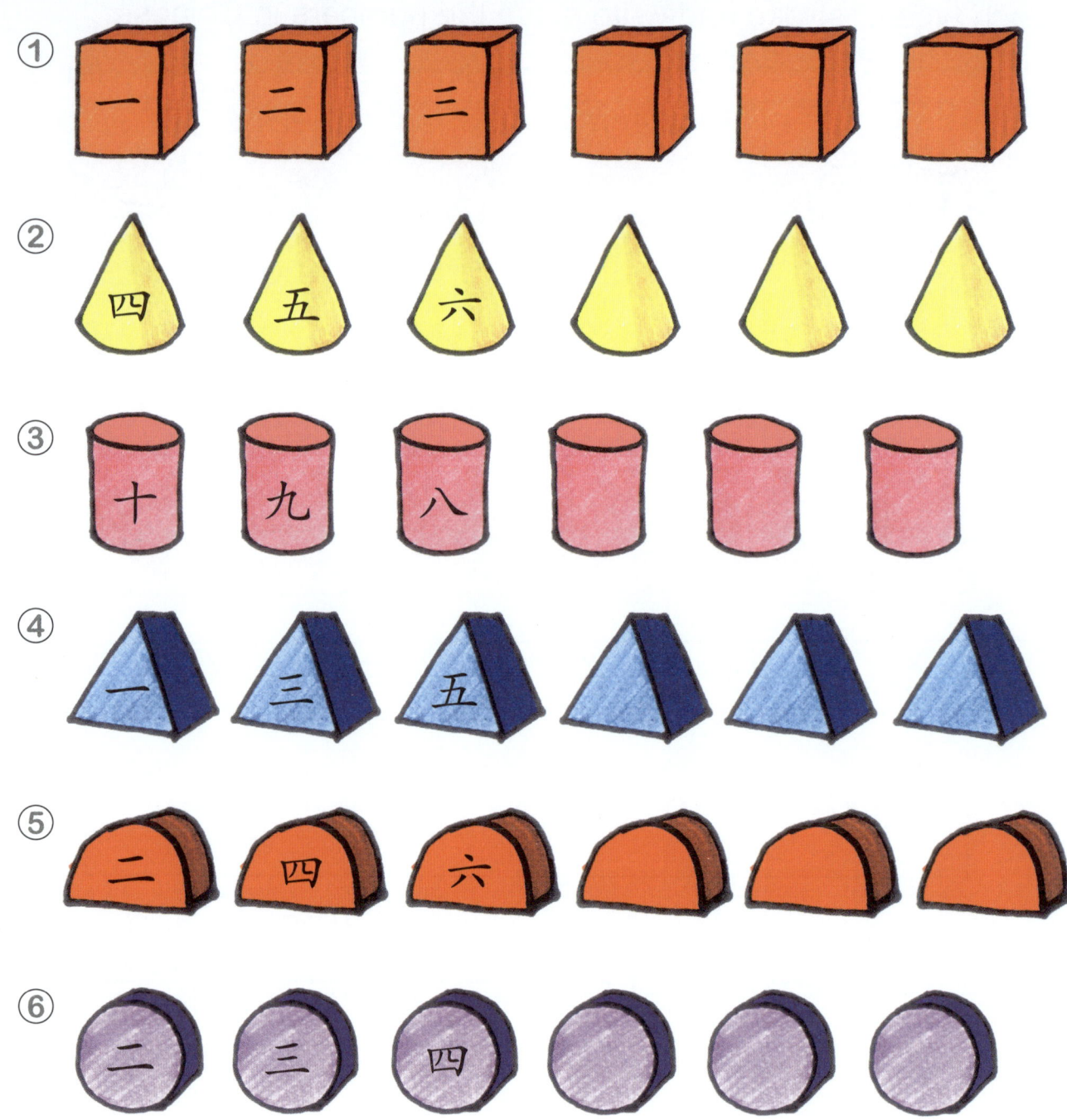

8. Find the sentences and write down their meanings.

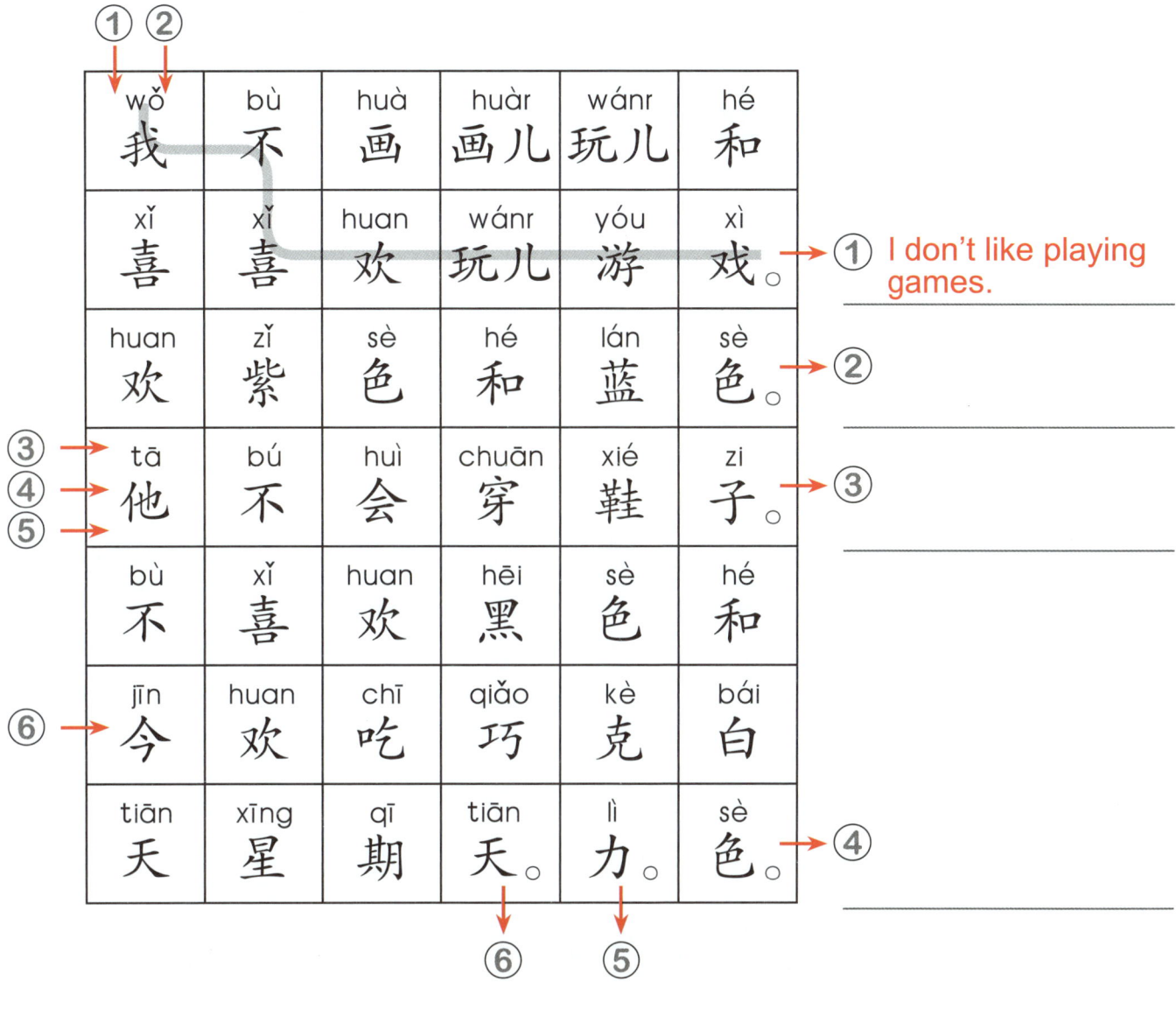

① I don't like playing games.

第二课 几点了

1. Match the clocks with the Chinese.

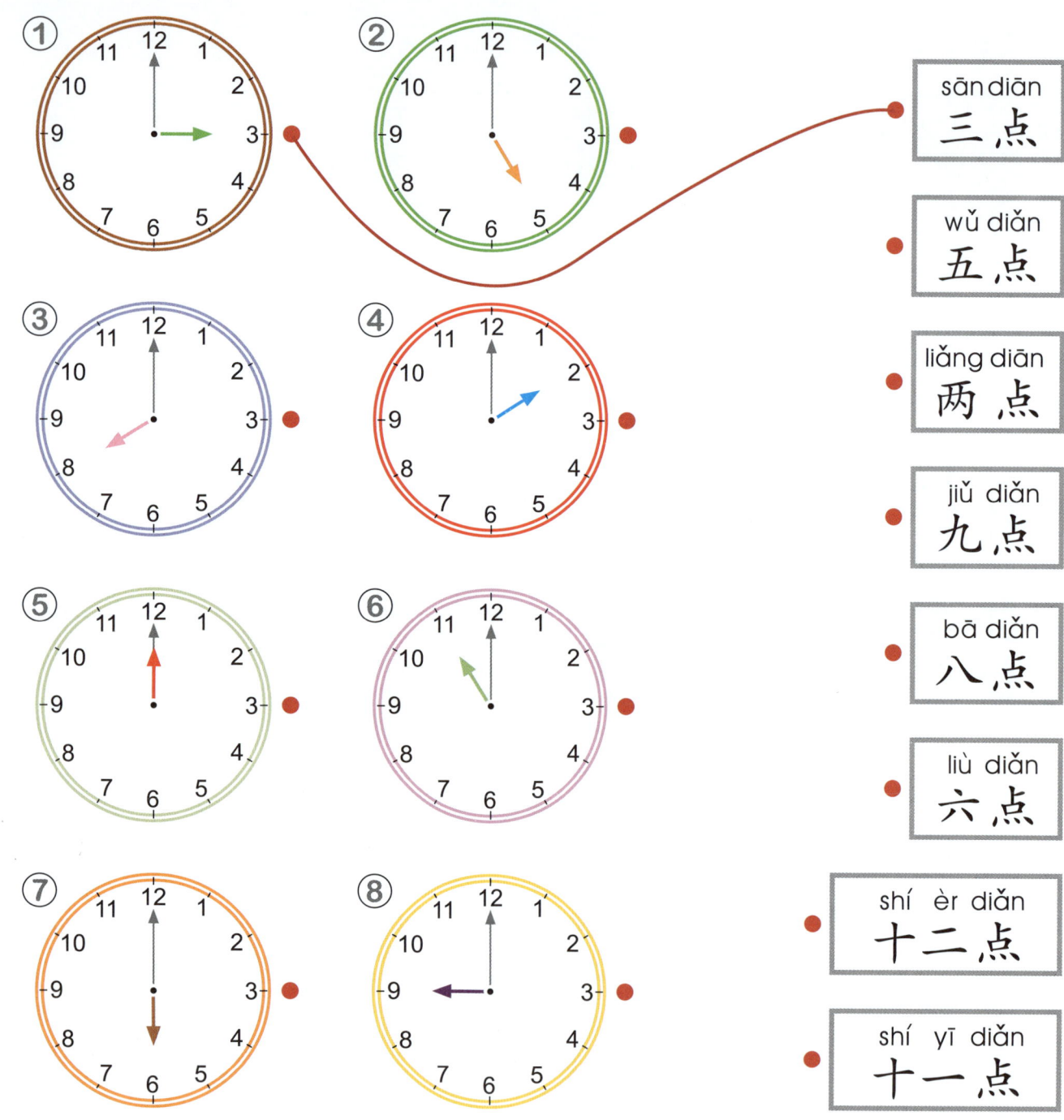

2. Write down the time in Chinese.

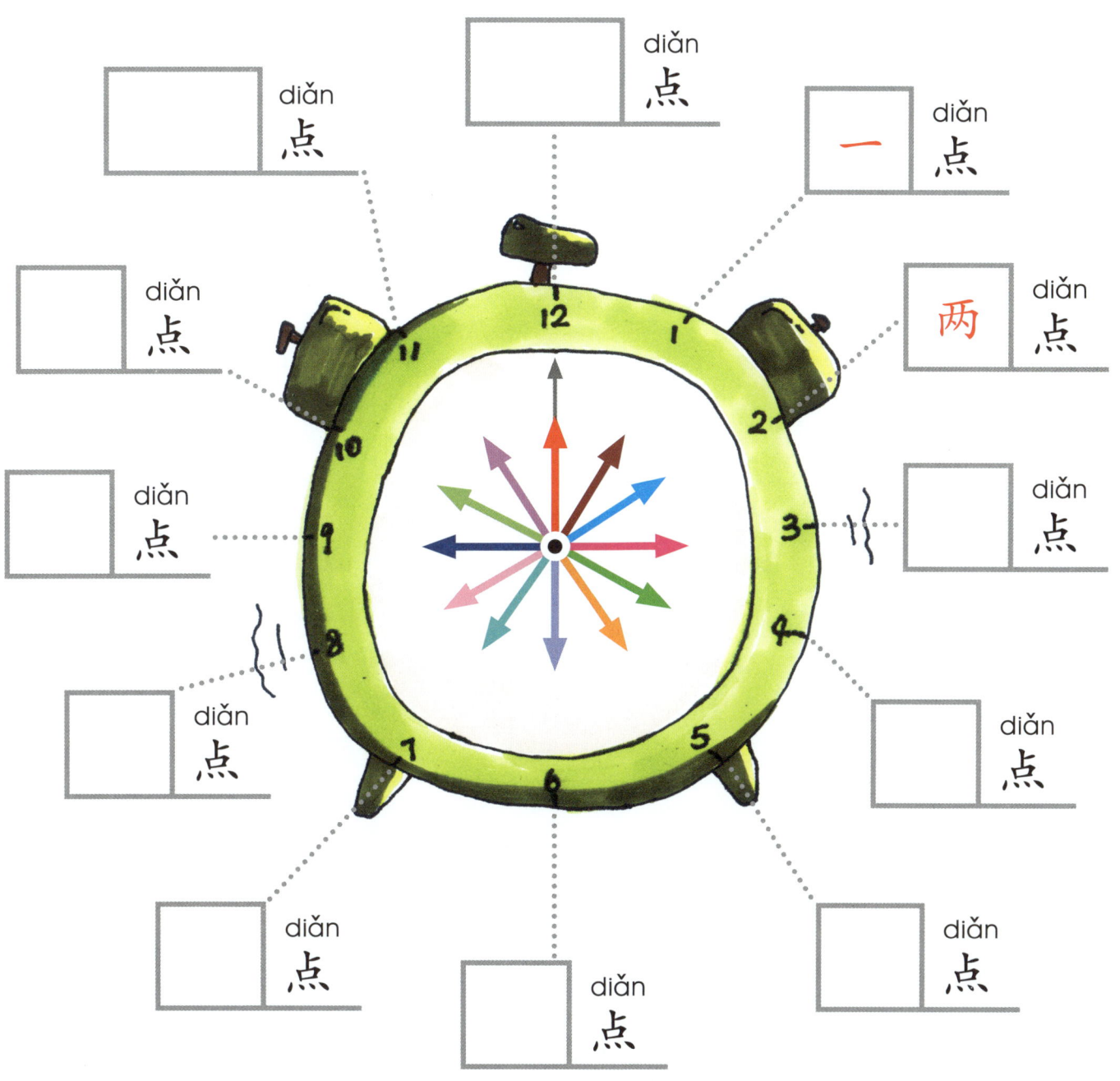

3. Find the strokes and trace them with the colours given.

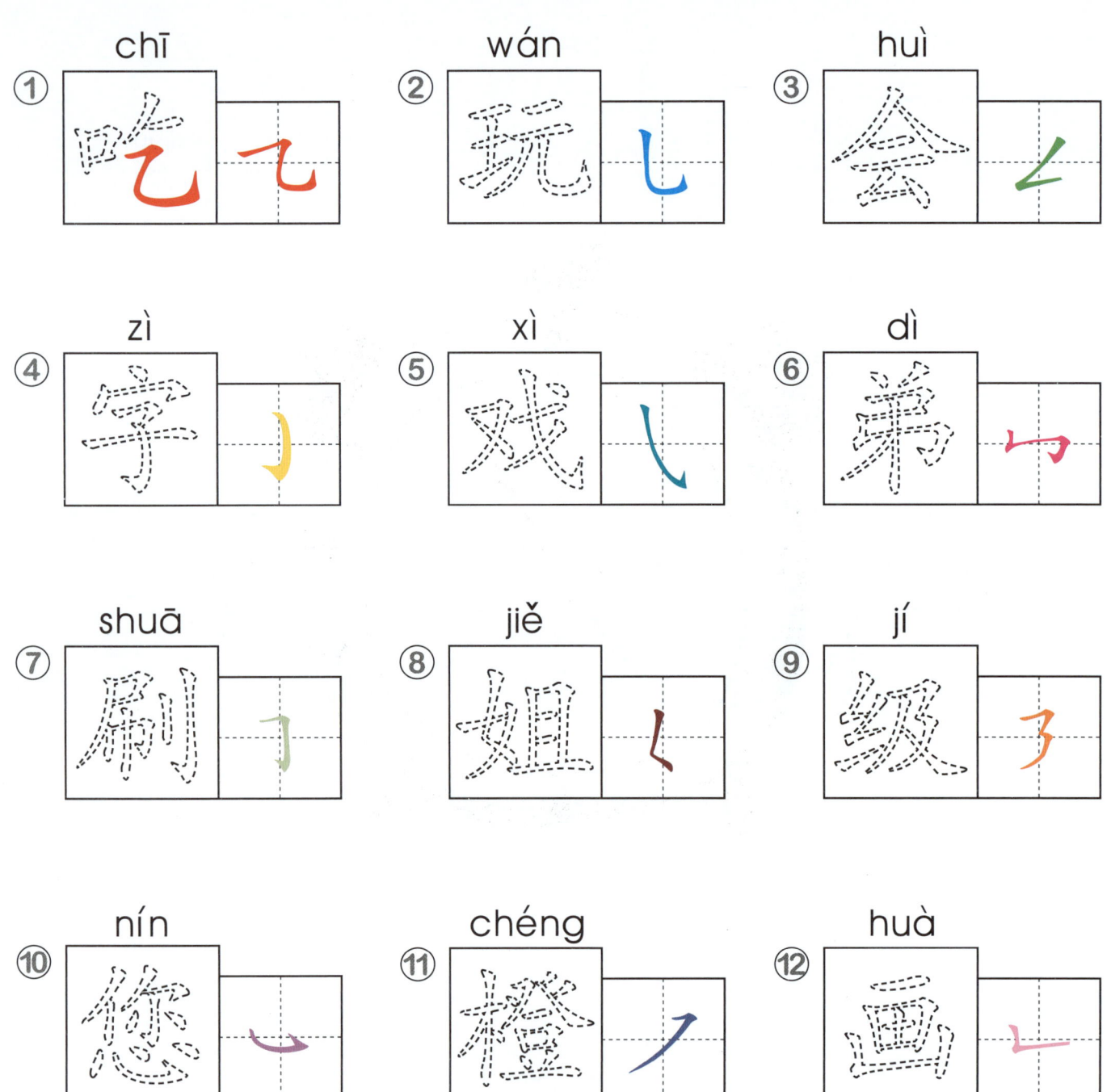

4. Write down the numbers from "一" to "二十".

5. Write down the time in Chinese.

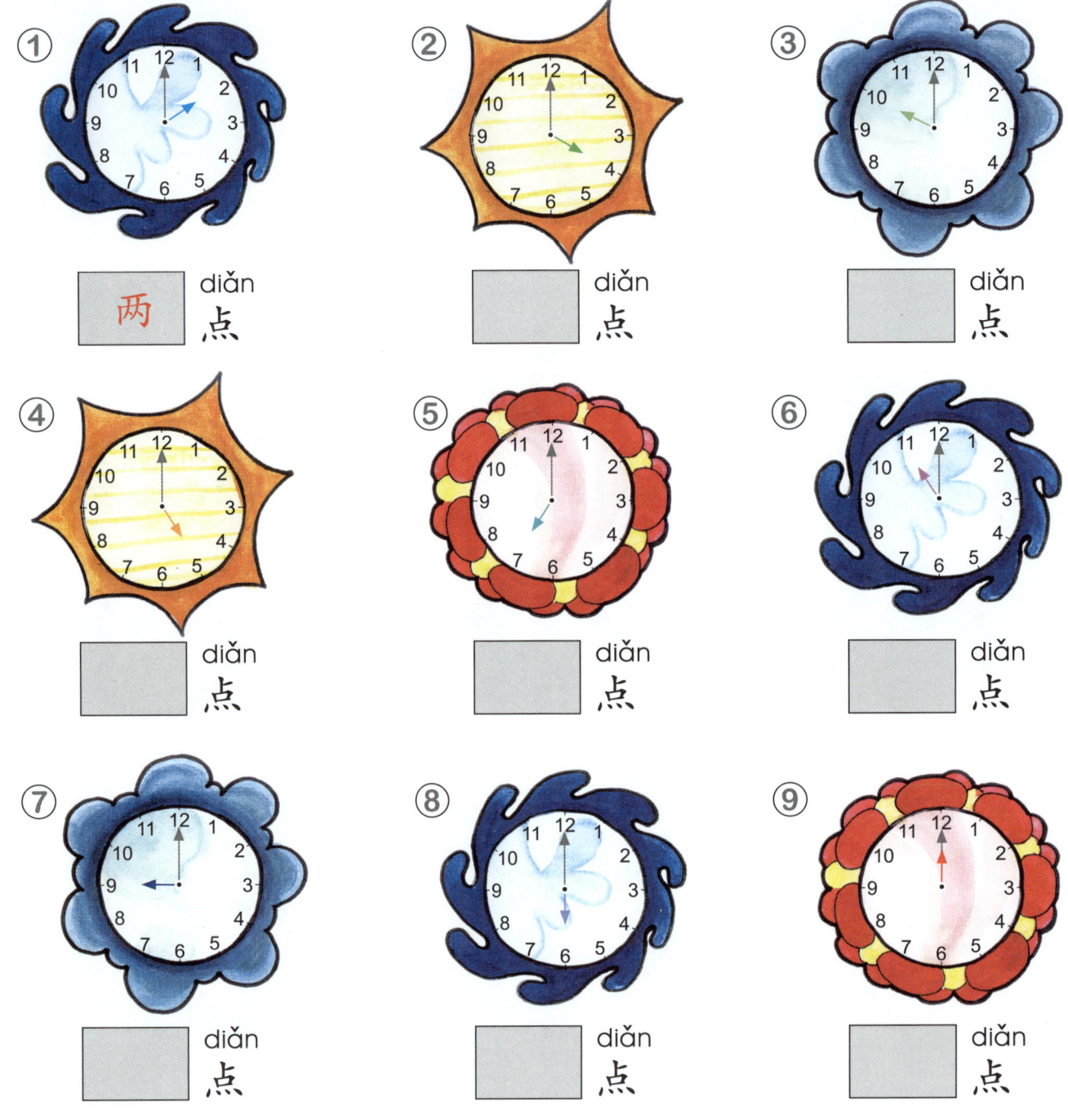

6. Write down the missing numbers in Chinese.

7. Circle the parts which make up the whole character.

8. Find the sentences and write down their meanings.

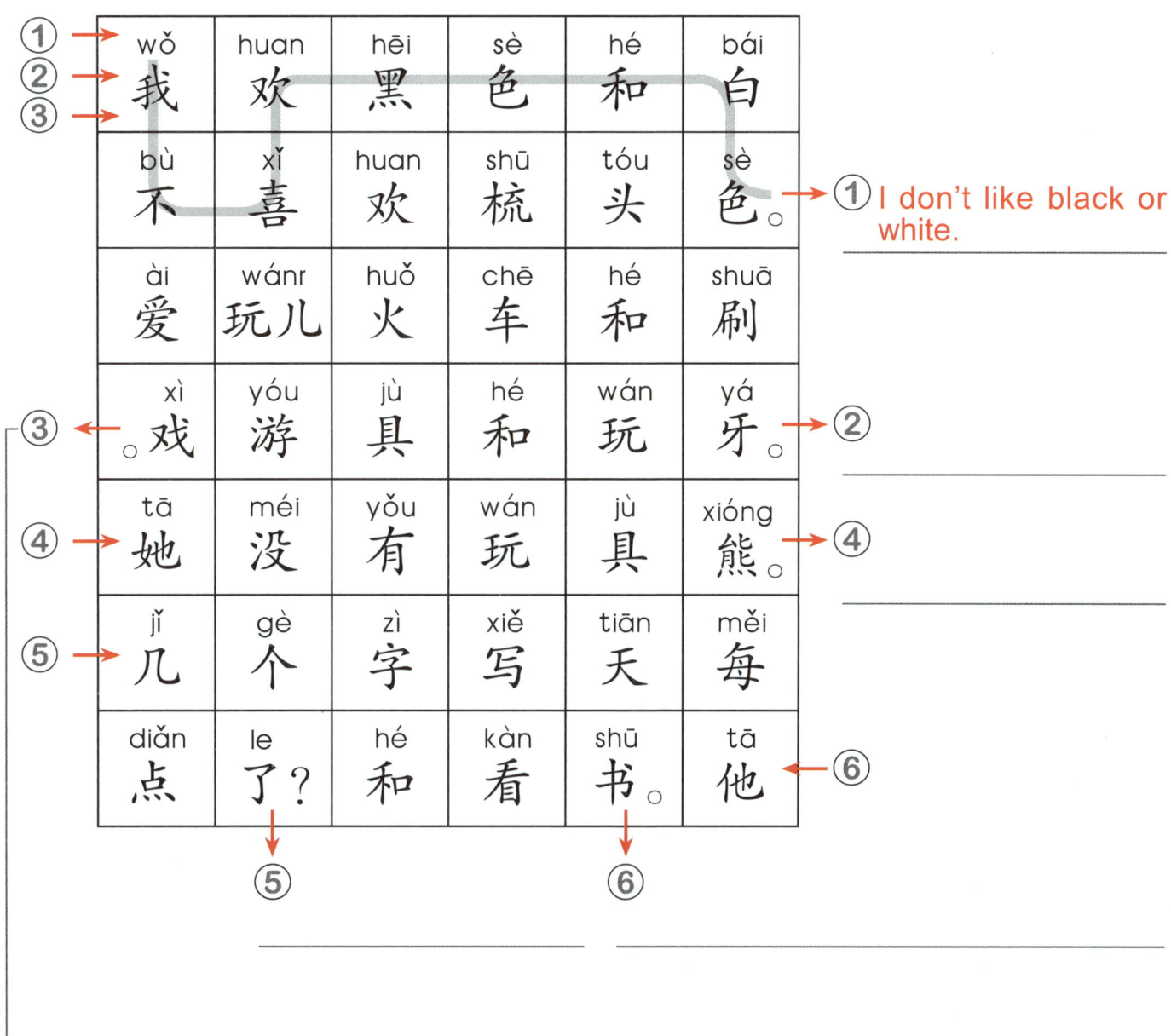

① I don't like black or white.

第三课 铅笔、橡皮

1. Match the pictures with the Chinese.

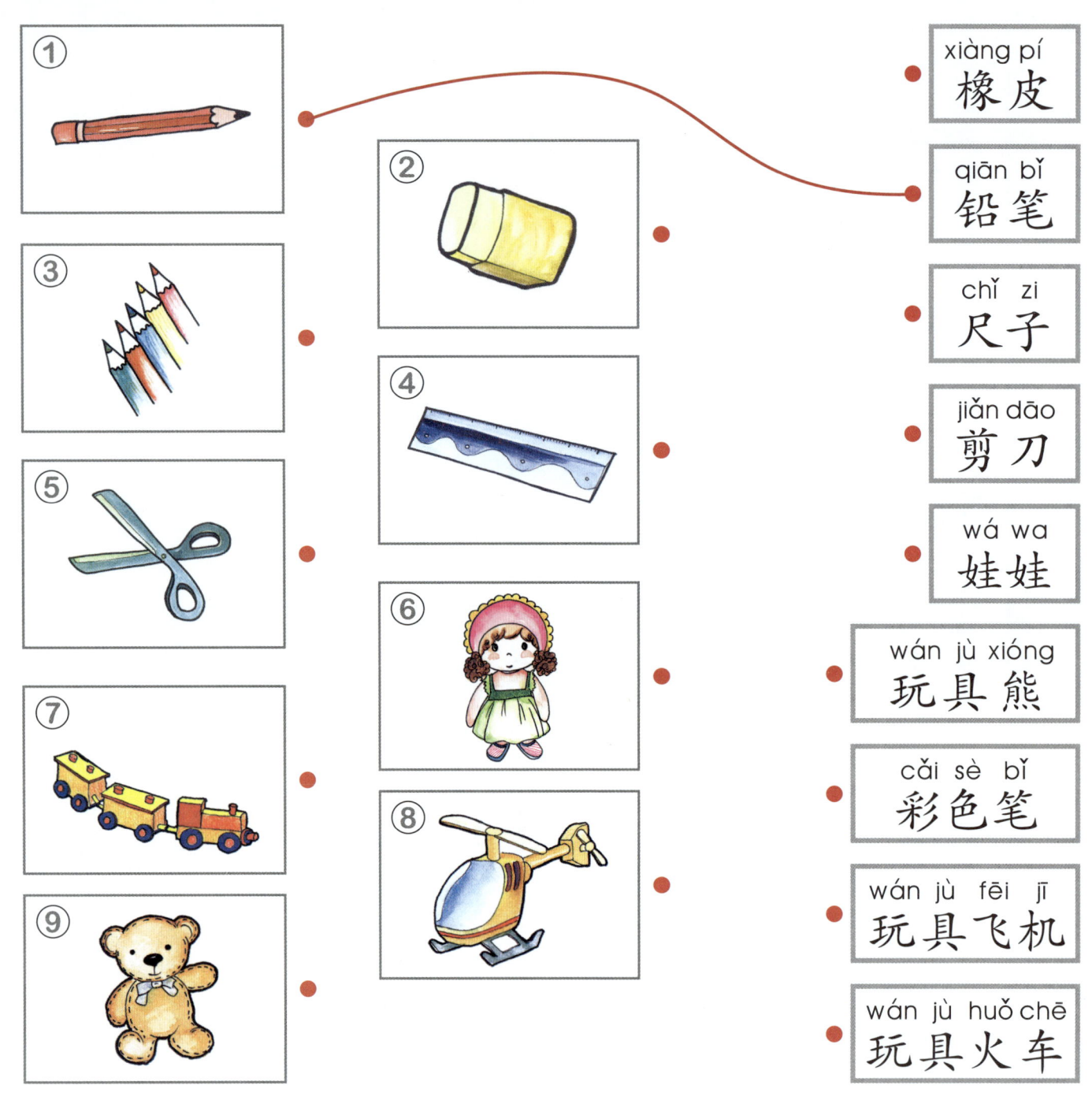

2. Write down the missing numbers in Chinese along the path.

3. Match the pictures with the Chinese.

dīng yī yǒu xiàng pí
丁一有橡皮。

xiǎo hóng yǒu wá wa
小红有娃娃。

jīng jing yǒu qiān bǐ
京京有铅笔。

lán lan yǒu wán jù xióng
蓝蓝有玩具熊。

péng peng yǒu wán jù fēi jī
朋朋有玩具飞机。

xiǎo fēi yǒu wán jù huǒ chē
小飞有玩具火车。

tián lì yǒu cǎi sè bǐ
田力有彩色笔。

lè le yǒu chǐ zi hé jiǎn dāo
乐乐有尺子和剪刀。

4. Find the strokes and trace them with the colours given.

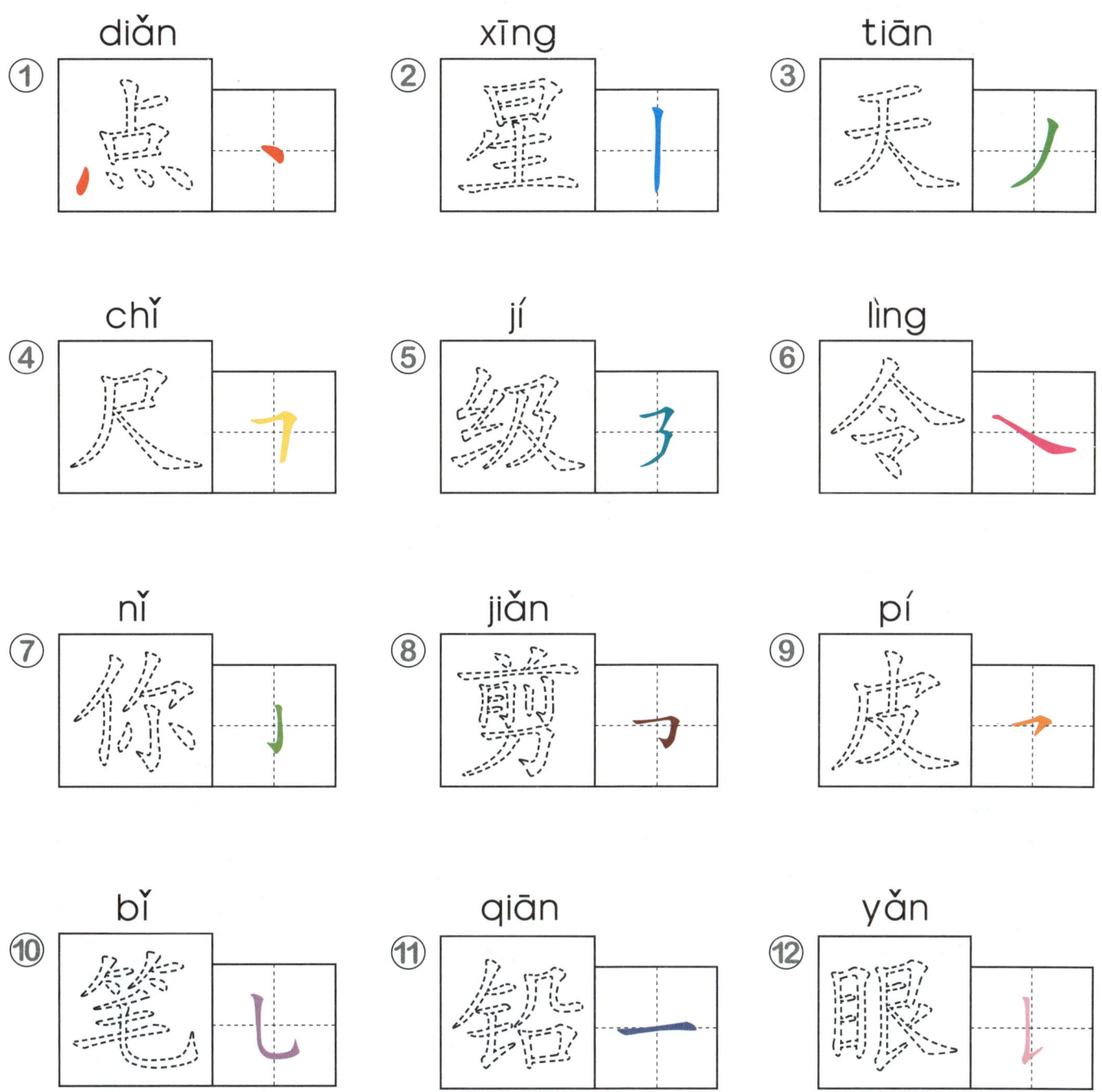

5. Draw short and long hands on the clocks.

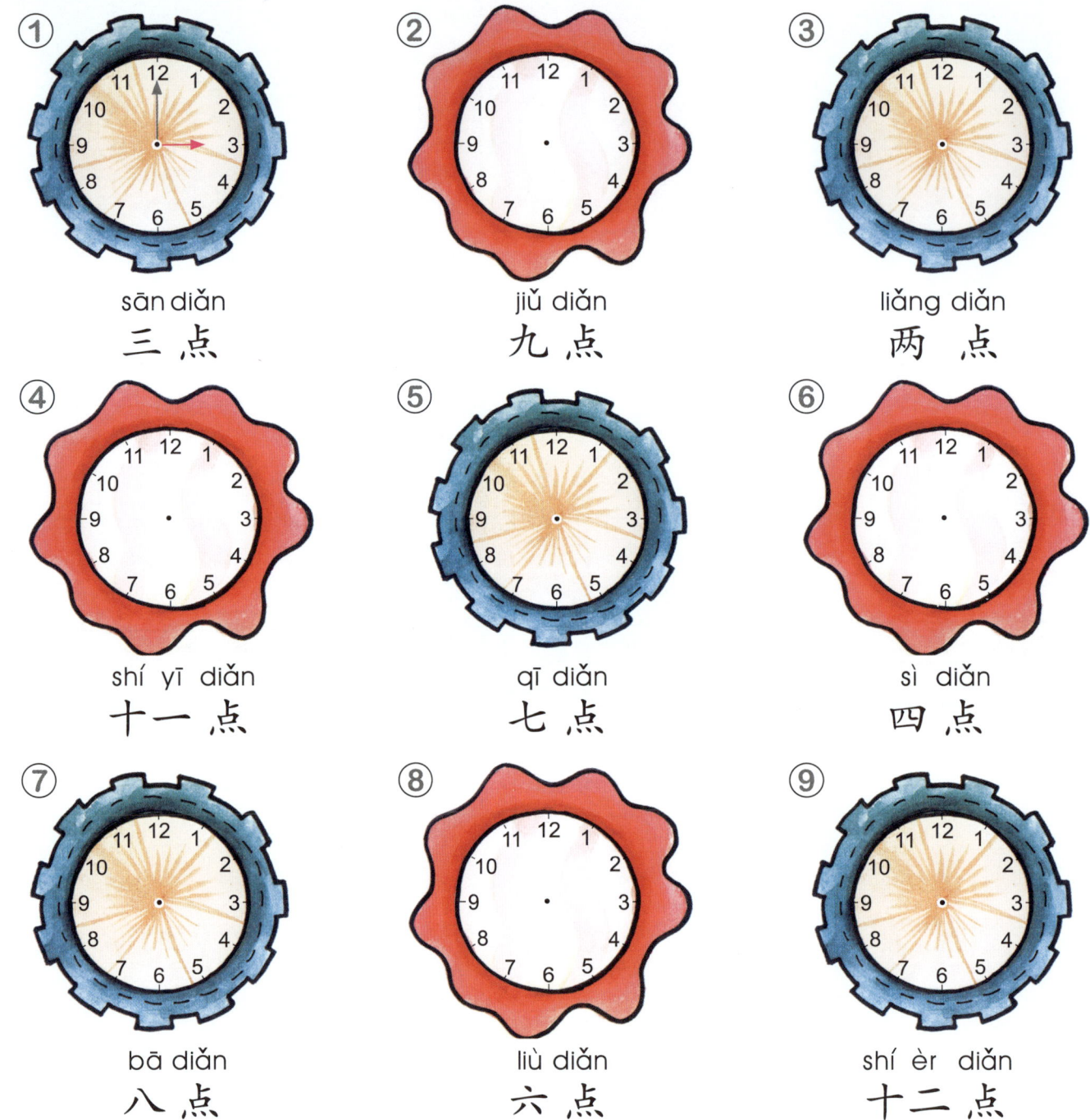

6. Count up and write down the numbers and sums in Chinese.

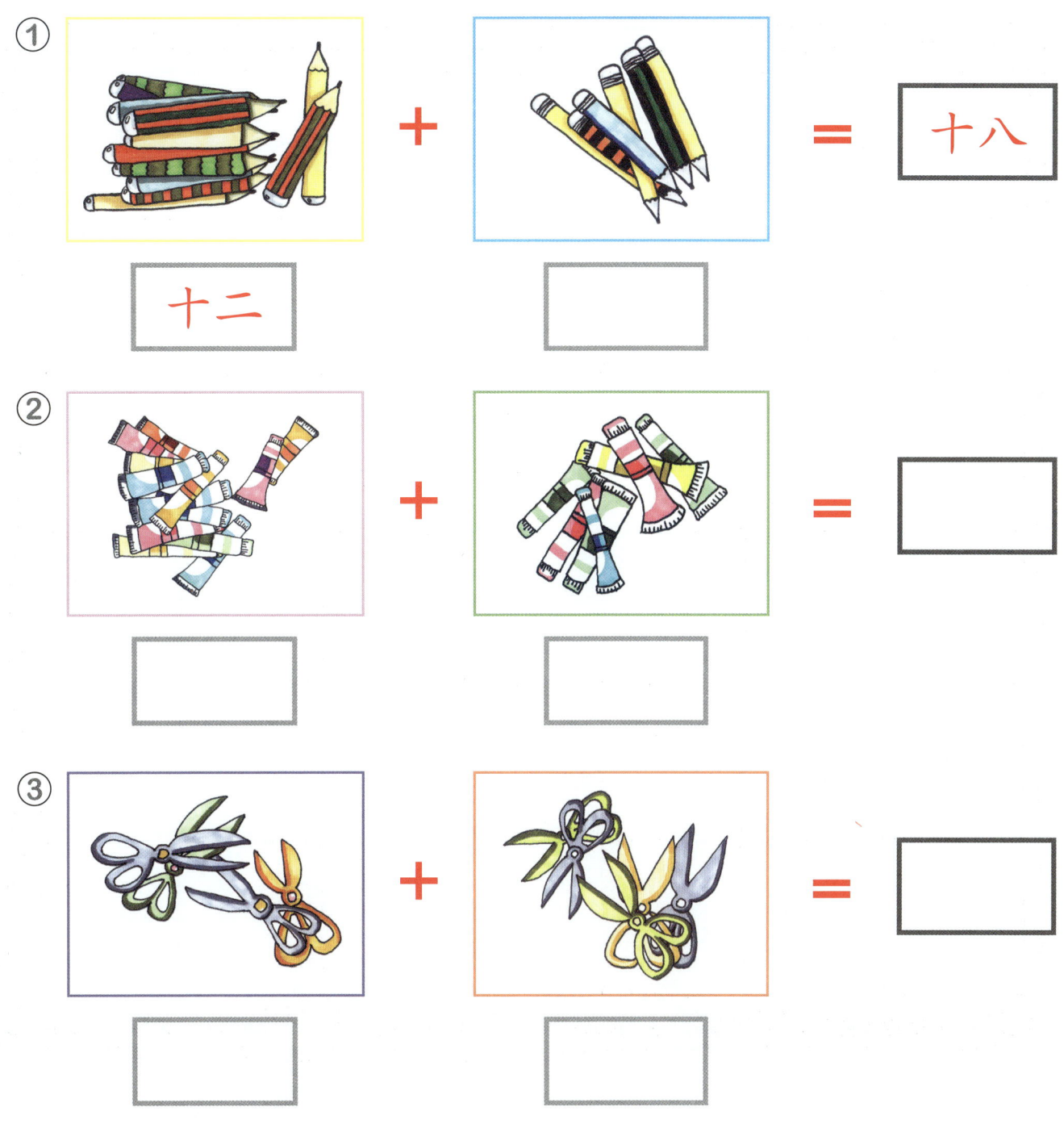

7. Write down the missing days of the month in Chinese.

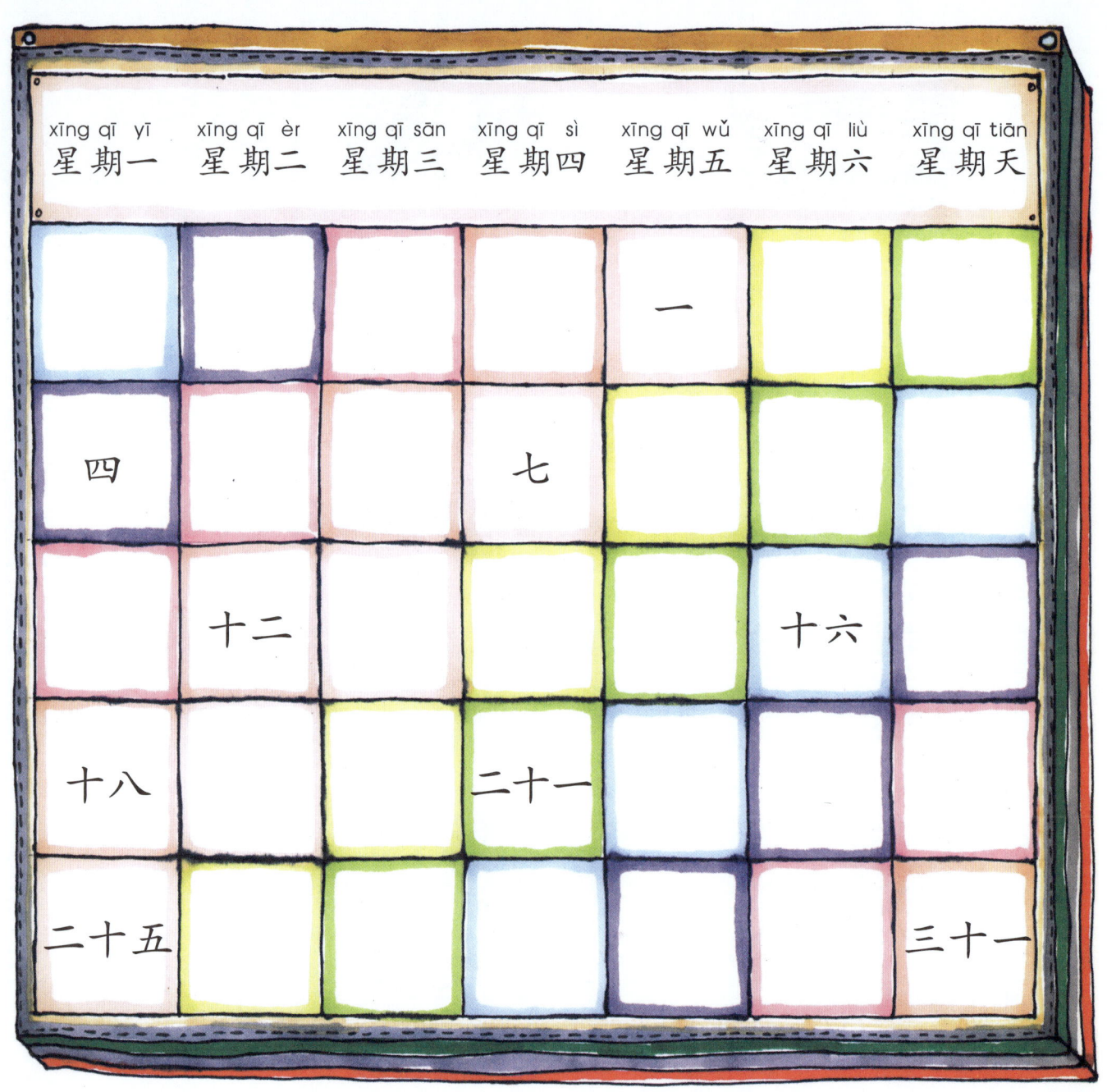

8. Match the Chinese with the English.

① 今天星期六。(jīn tiān xīng qī liù) — Today is Saturday.

② 丁一有尺子。(dīng yī yǒu chǐ zi) — Ding Yi has rulers.

③ 京京有铅笔。(jīng jing yǒu qiān bǐ) — Jingjing has pencils.

④ 田力有彩色笔。(tián lì yǒu cǎi sè bǐ) — Tian Li has colour pencils.

⑤ 乐乐没有剪刀。(lè le méi yǒu jiǎn dāo) — Lele does not have scissors.

⑥ 蓝蓝每天刷牙。(lán lan měi tiān shuā yá) — Lanlan brushes her teeth every day.

⑦ 小红喜欢粉红色。(xiǎo hóng xǐ huan fěn hóng sè) — Xiaohong likes pink.

⑧ 朋朋不喜欢橙色。(péng peng bù xǐ huan chéng sè) — Pengpeng does not like orange.

第四课 我的教室

1. Match the pictures with the Chinese.

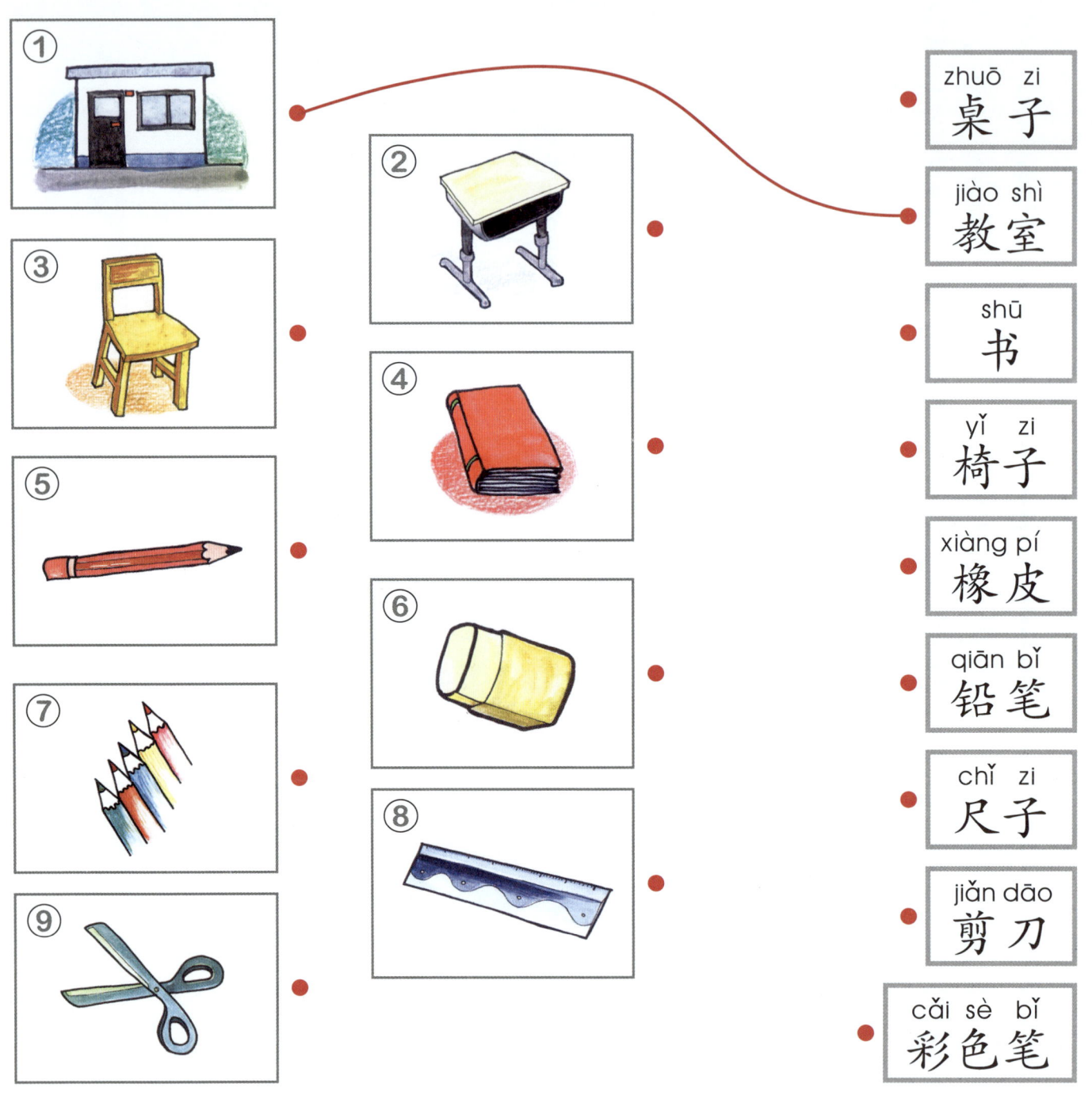

2. Count up and write down the number of each shape in Chinese.

二十八   _____   ○ _____   _____

3. Find the sentences and write down their meanings.

① These are my desk and chair.
②
③
④
⑤

4. Write down the meaning of each sentence.

① zhè shì wǒ de jiào shì
这是我的教室。
This is my classroom.

② zhè shì wǒ de zhuō zi
这是我的桌子。

③ zhè shì wǒ de yǐ zi
这是我的椅子。

④ zhè shì wǒ de cǎi sè bǐ
这是我的彩色笔。

⑤ zhè shì wǒ de xiàng pí
这是我的橡皮。

⑥ zhè shì wǒ de shū
这是我的书。

⑦ zhè shì wǒ de yī fu
这是我的衣服。

⑧ zhè shì wǒ de xié
这是我的鞋。

5. Figure out the numbers and write them down in Chinese.

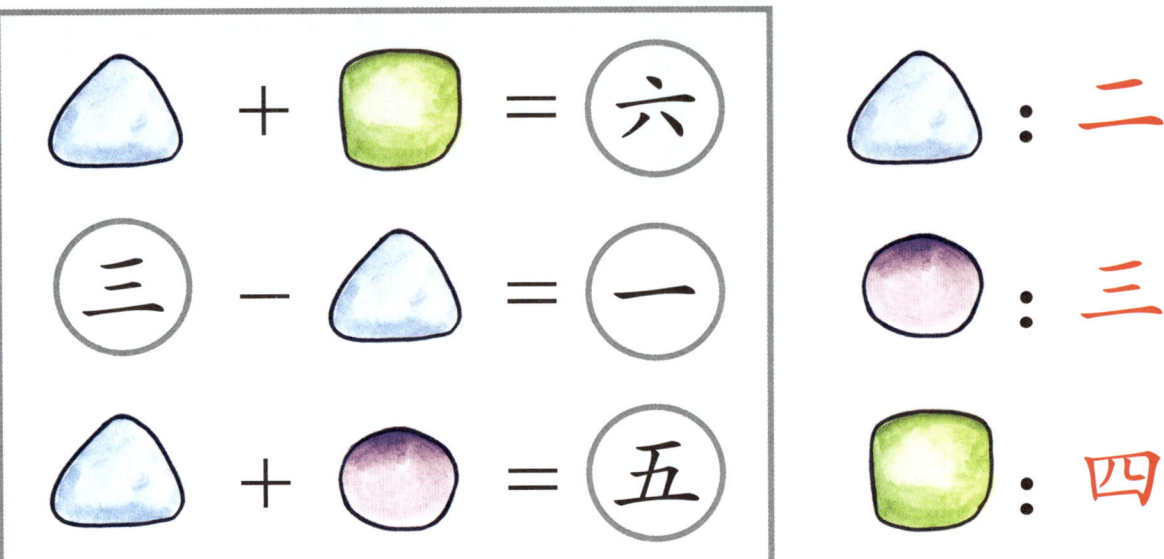

It's your turn!

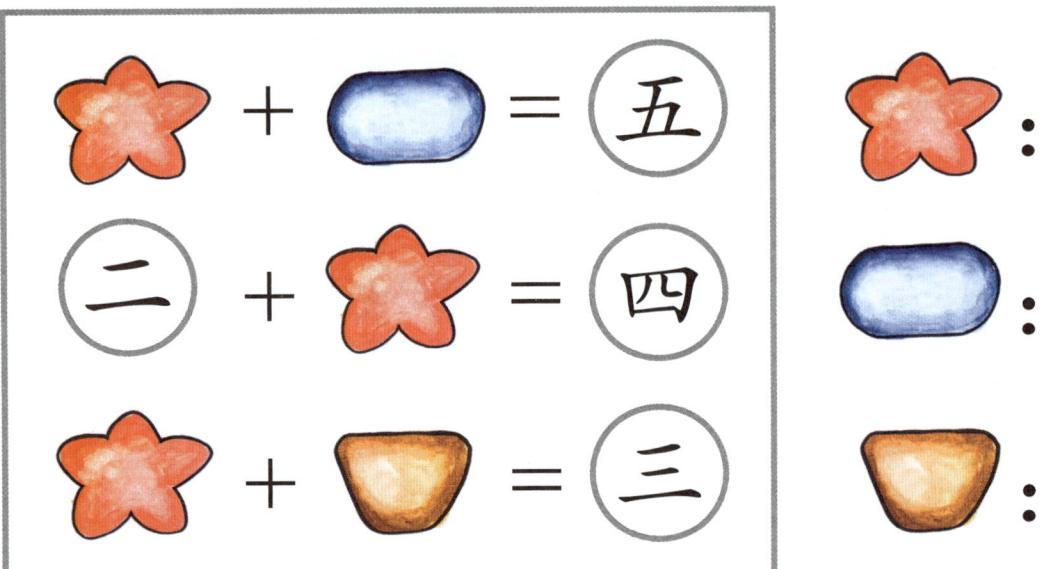

6. Find the strokes and trace them with the colours given.

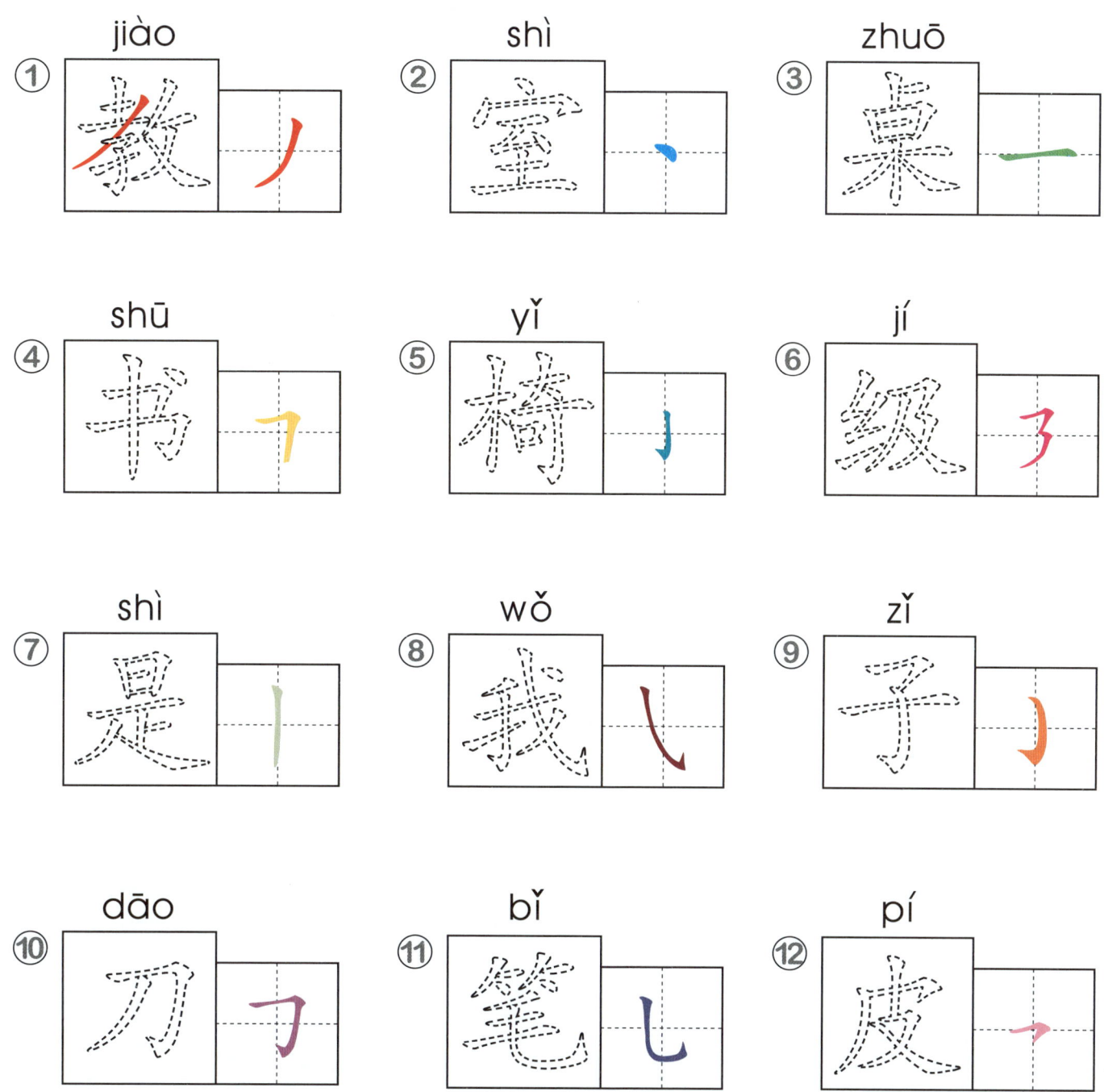

7. Fill in the boxes with the missing drawings according to the pattern.

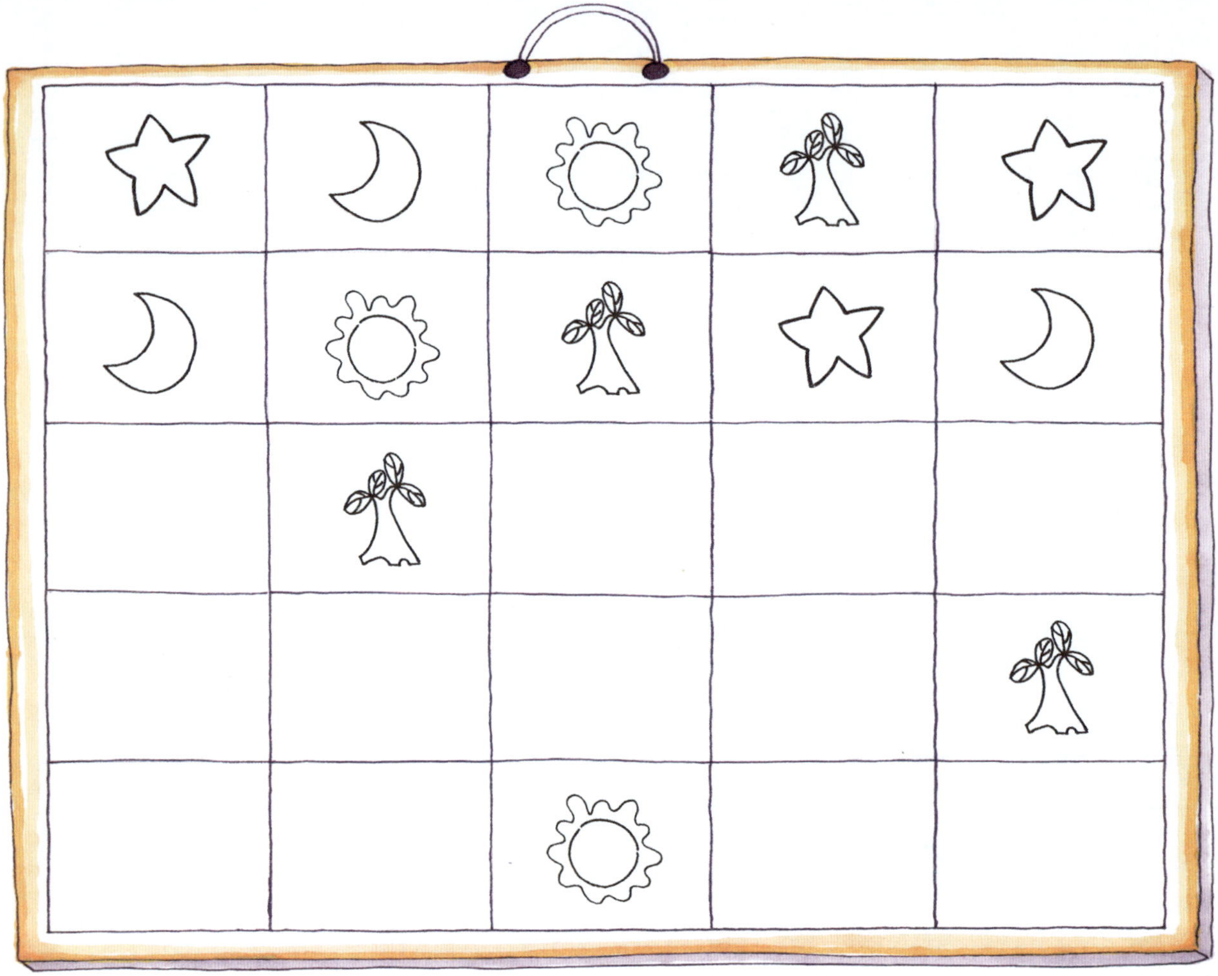

Each type of drawing signifies a number as given below. Count up each type of drawing and write down the sums in Chinese.

: 二 → 十四

: 四 →

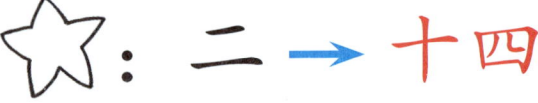

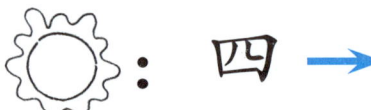

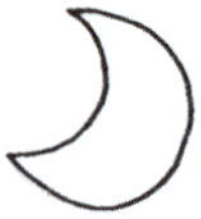: 三 →

: 五 →

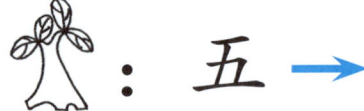

8. Draw more things on the table below. Then write a few sentences about it. You may use *pinyin*.

zhuō zi shang yǒu qiān bǐ
桌子上有铅笔。

第五课 老虎、大象

1. Match the pictures with the Chinese.

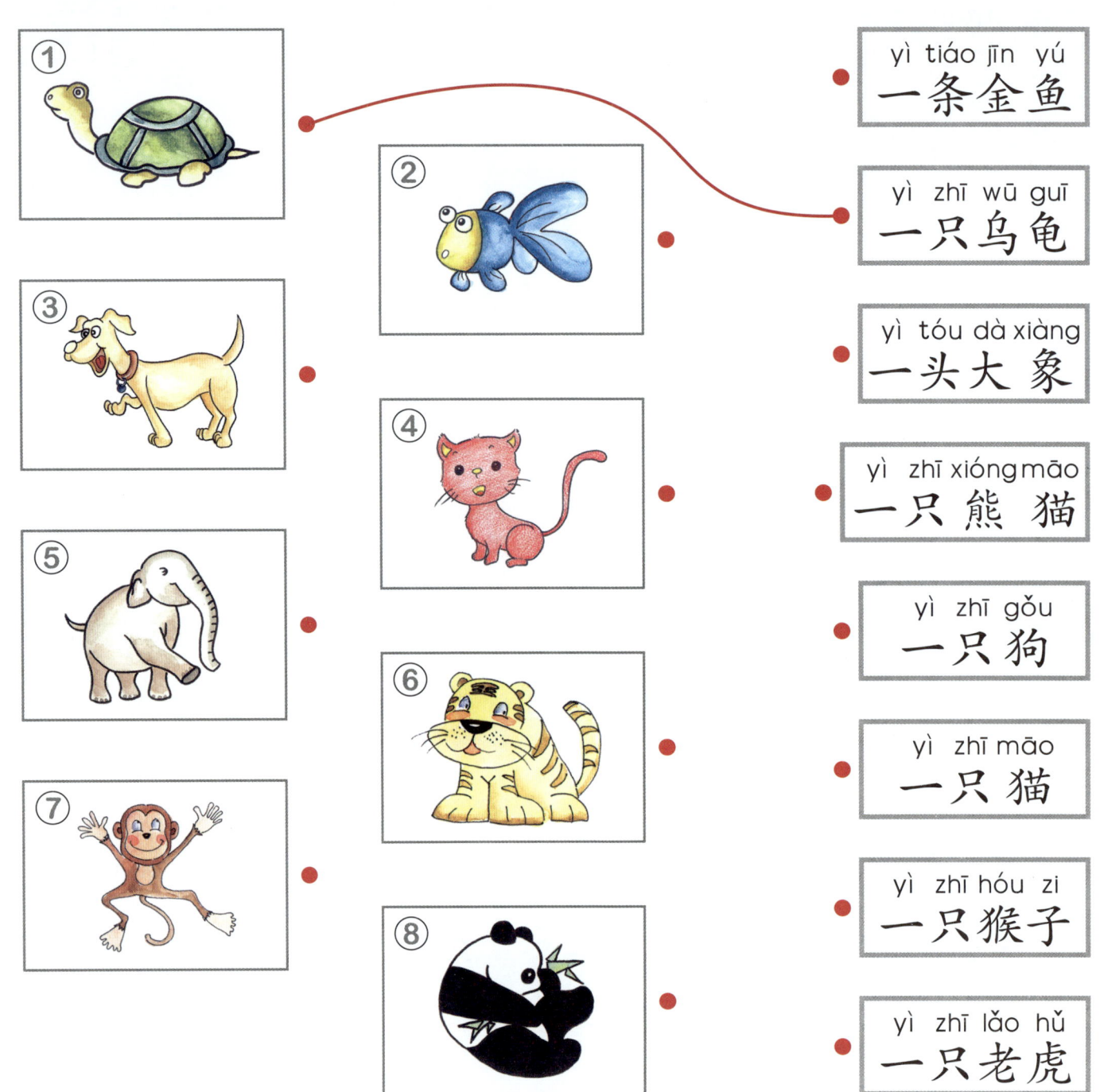

2. Find the strokes and trace them with the colours given.

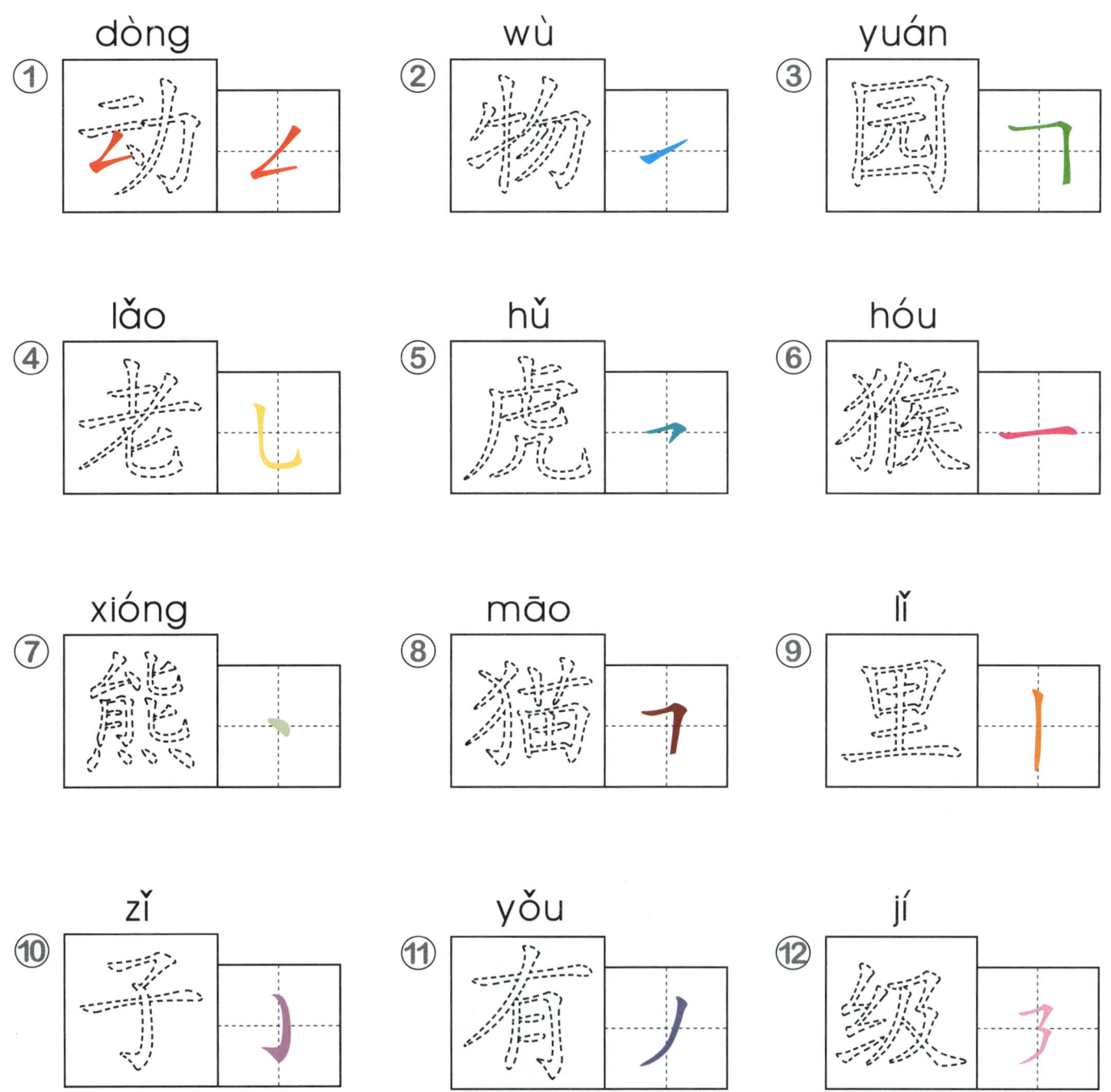

3. Count up and write down the numbers in Chinese.

4. Write down the meaning of each sentence.

1) jiào shì li yǒu
   教室里有

   a) wǔ zhāng zhuō zi
      五张 桌子。   There are five desks in the classroom.

   b) shí bǎ yǐ zi
      十把椅子。

   c) èr shí běn shū
      二十本书。

2) dòng wù yuán li yǒu
   动物园里有

   a) qī tóu dà xiàng
      七头大象。

   b) bā zhī lǎo hǔ
      八只老虎。

   c) liù zhī xióng māo
      六只熊猫。

   d) shí sì zhī hóu zi
      十四只猴子。

5. Count up and write down the numbers in Chinese.

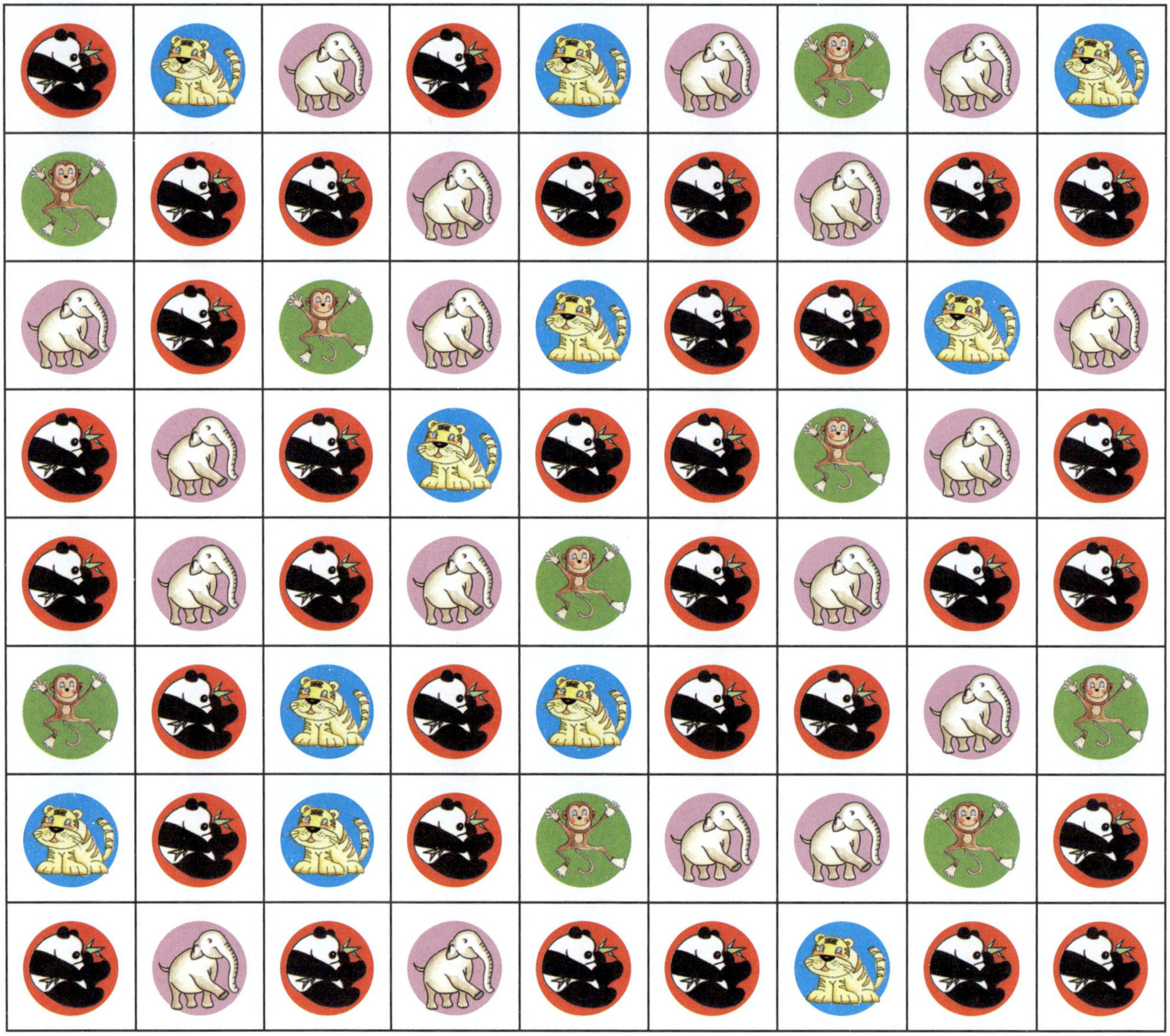

6. Match the Chinese with the *pinyin* and meaning.

	Chinese	Pinyin	Meaning
①	一头大象	liǎng zhī lǎohǔ	one elephant
②	两只老虎	sì zhī hóuzi	three pandas
③	三只熊猫	yì tóu dàxiàng	two tigers
④	四只猴子	sān zhī xióngmāo	four monkeys
⑤	五只猫	qī zhī wūguī	six dogs
⑥	六只狗	bā tiáo jīnyú	seven turtles
⑦	七只乌龟	liù zhī gǒu	five cats
⑧	八条金鱼	wǔ zhī māo	eight goldfish

7. Find their routes home.

odd numbers	even numbers	by 5's		from 20 to 1		
一	二	四	五	十九	二十	十五	十四
三	五	六	十	十八	十七	十六	十三
九	七	八	十五	十四	十	十一	十二
十一	十二	十	二十	八	九	八	九
十三	十四	十六	二十五	七	六	五	十
十五	十七	十八	三十	三十五	三	四	三
二十一	十九	二十	二十四	四十	五	一	二

8. Read the Chinese. Draw the animals and colour them in.

dòng wù yuán li yǒu sì zhī xióng māo　wǔ zhī lǎo hǔ　qī zhī hóu zi
动物园里有四只熊猫、五只老虎、七只猴子

he sān tóu dà xiàng
和三头大象。

第六课 大小、多少

1. Match the pictures with the Chinese.

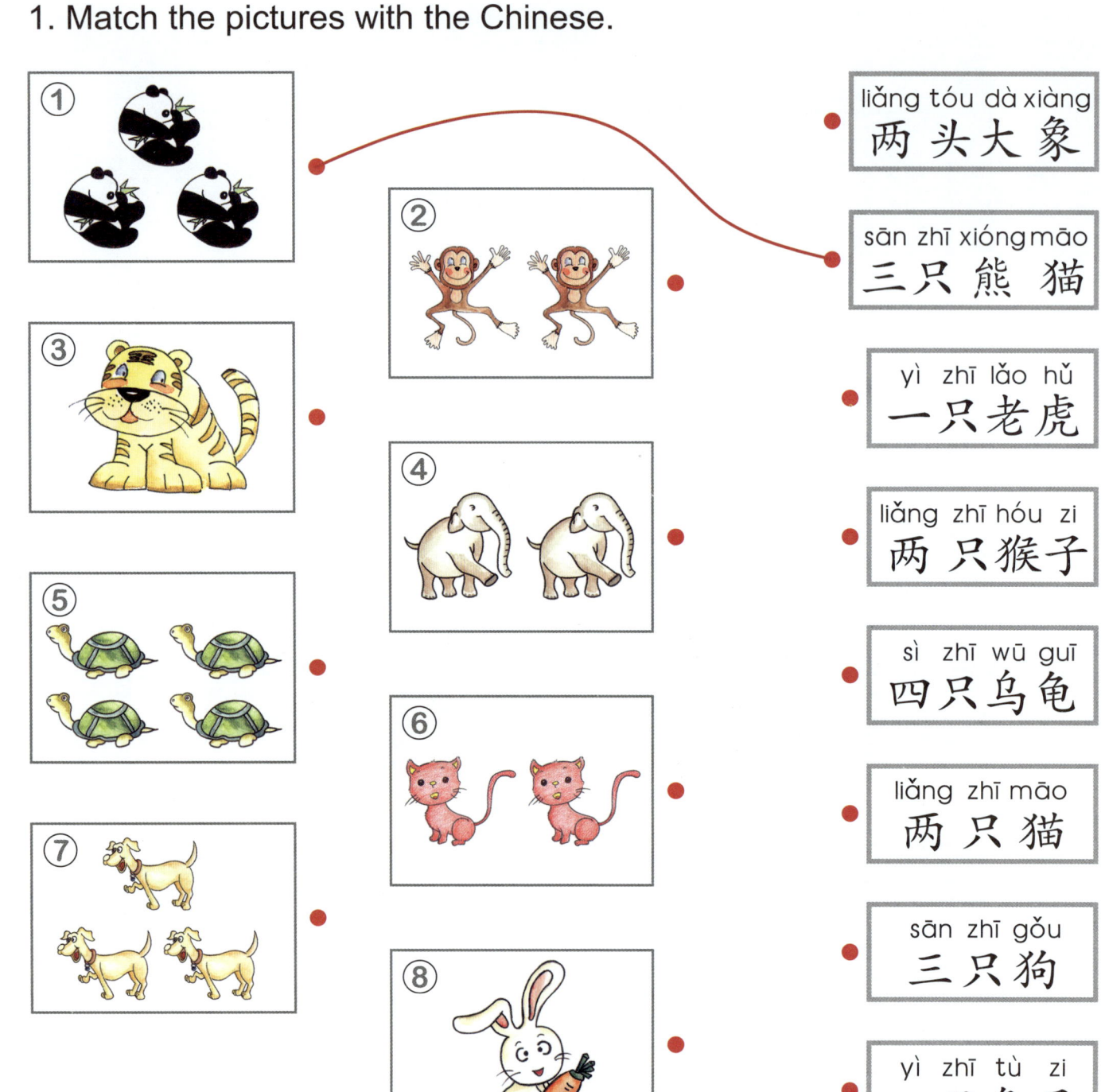

2. Draw pictures to show the meanings of the words.

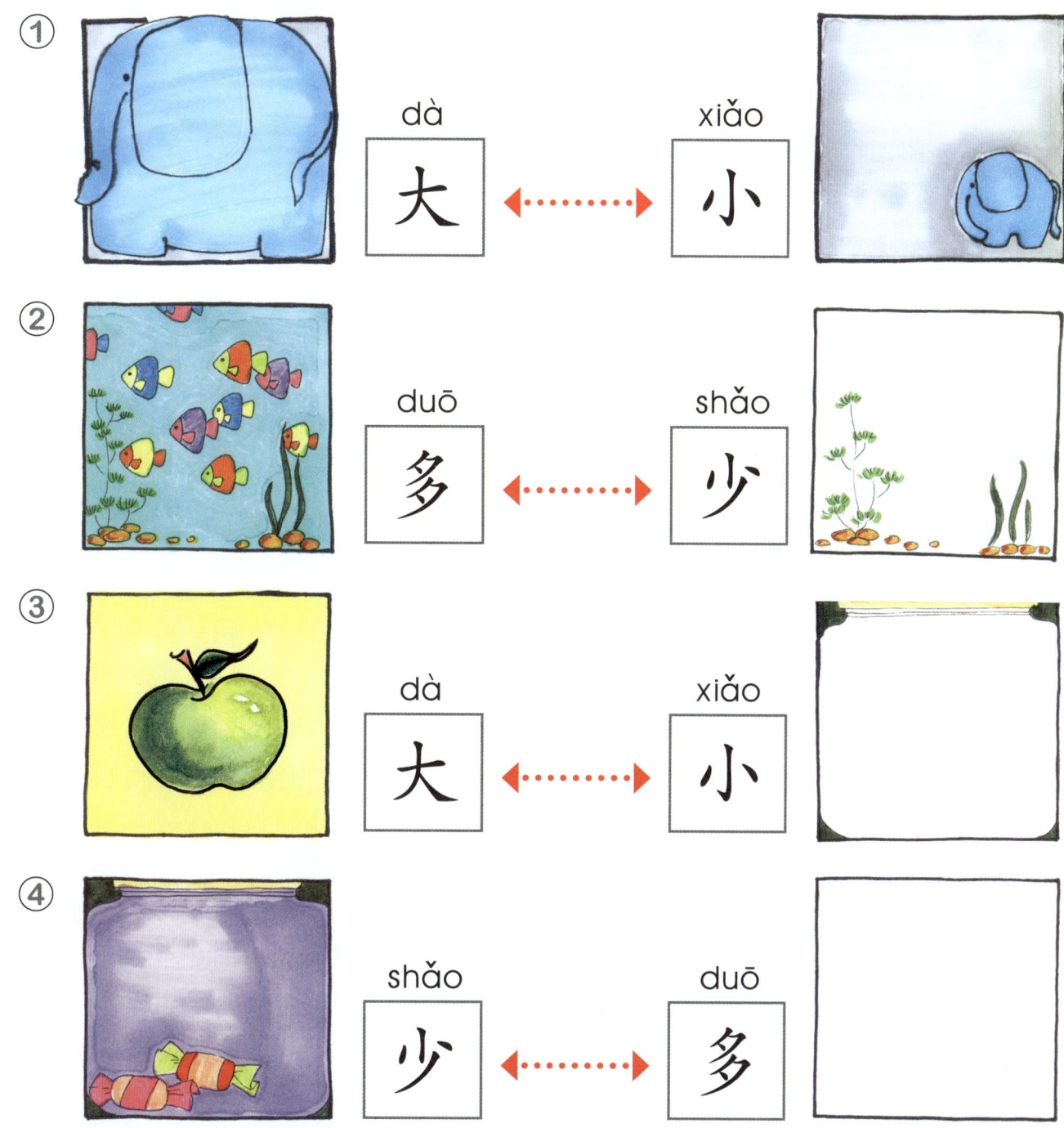

3. Find the strokes and trace them with the colours given. Count up each type of stroke and write down the numbers in Chinese.

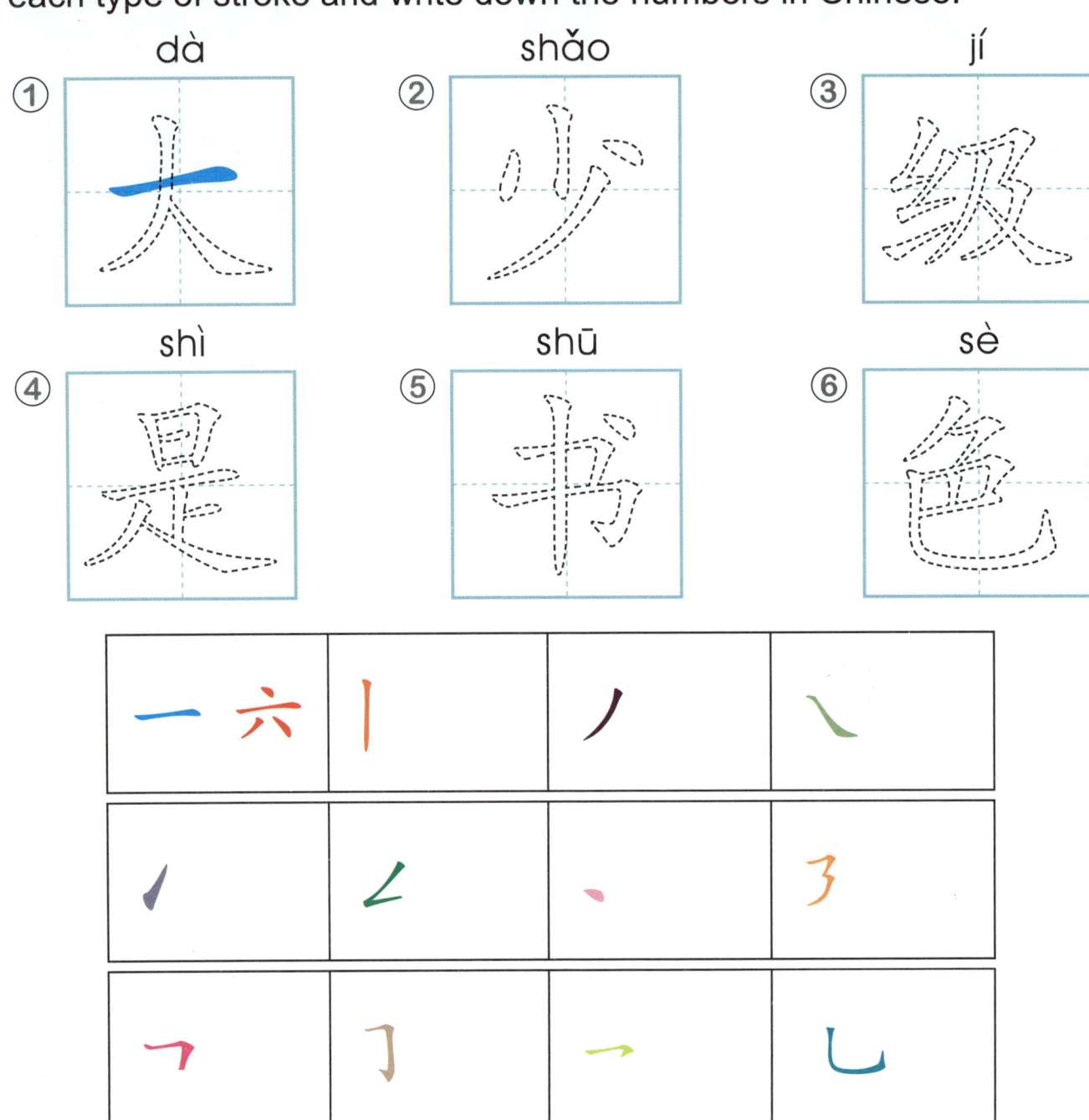

4. Colour in the items and write down the numbers in Chinese.

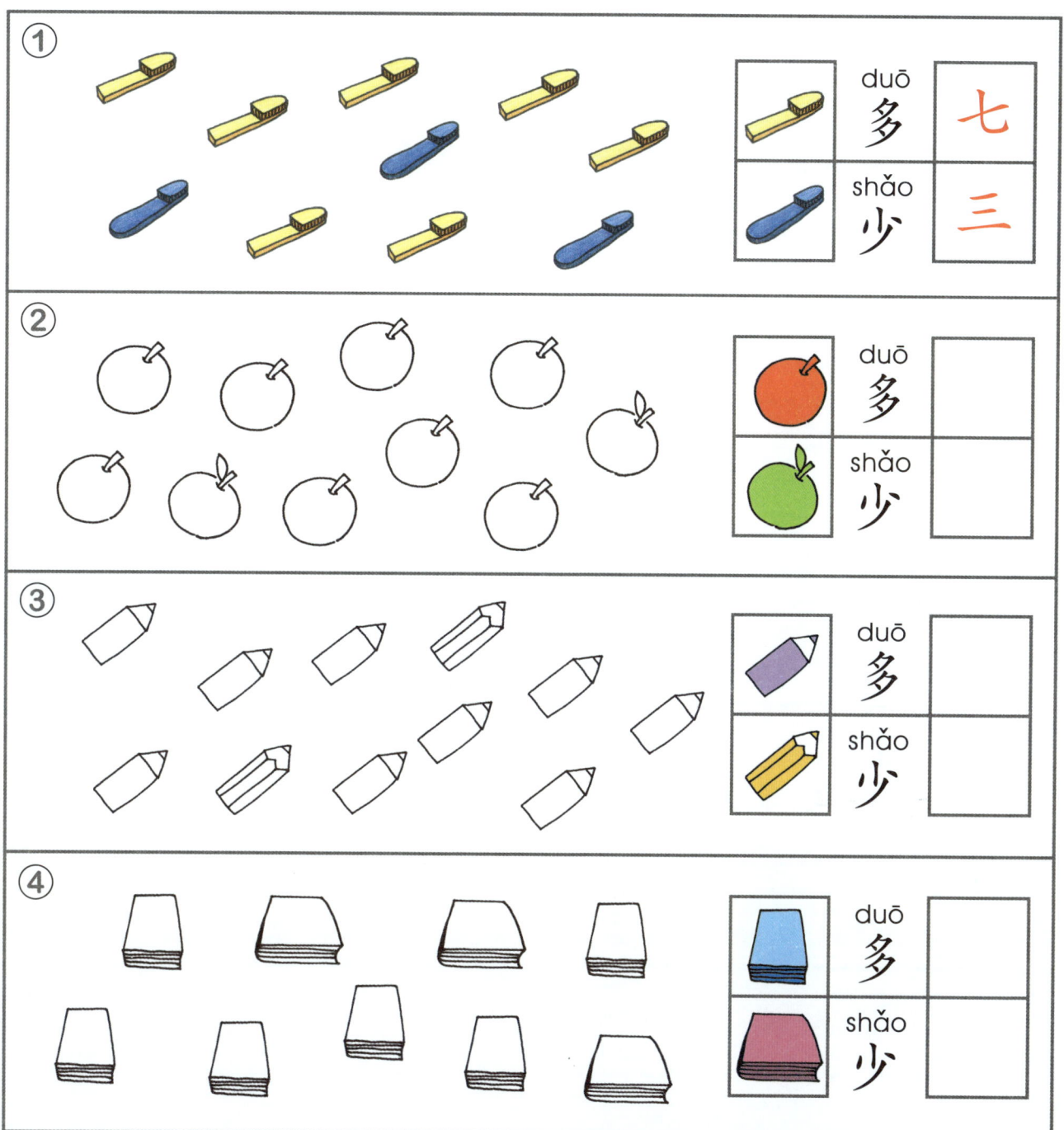

5. Write down the meaning of each sentence.

1) jiào shì li
   教室里

   a) yǐ zi duō, zhuō zi shǎo
      椅子多，桌子少。   There are more chairs than desks in the classroom.

   b) qiān bǐ duō, chǐ zi shǎo
      铅笔多，尺子少。

   c) xiàng pí duō, jiǎn dāo shǎo
      橡皮多，剪刀少。

2) dòng wù yuán li
   动物园里

   a) hóu zi duō, lǎo hǔ shǎo
      猴子多，老虎少。

   b) dà xiàng duō, xióng māo shǎo
      大象多，熊猫少。

   c) jīn yú duō, wū guī shǎo
      金鱼多，乌龟少。

   d) xiǎo gǒu duō, tù zi shǎo
      小狗多，兔子少。

6. Write down the missing numbers in Chinese.

7. Read the Chinese and circle the right animals.

8. Read the Chinese. Draw the animals and colour them in.

dòng wù yuán li dà xiàng dà   tù zi xiǎo   hóu zi duō   xióng māo shǎo
动物园里大象大，兔子小；猴子多，熊猫少。

第七课 糖果、蛋糕

1. Match the pictures with the Chinese.

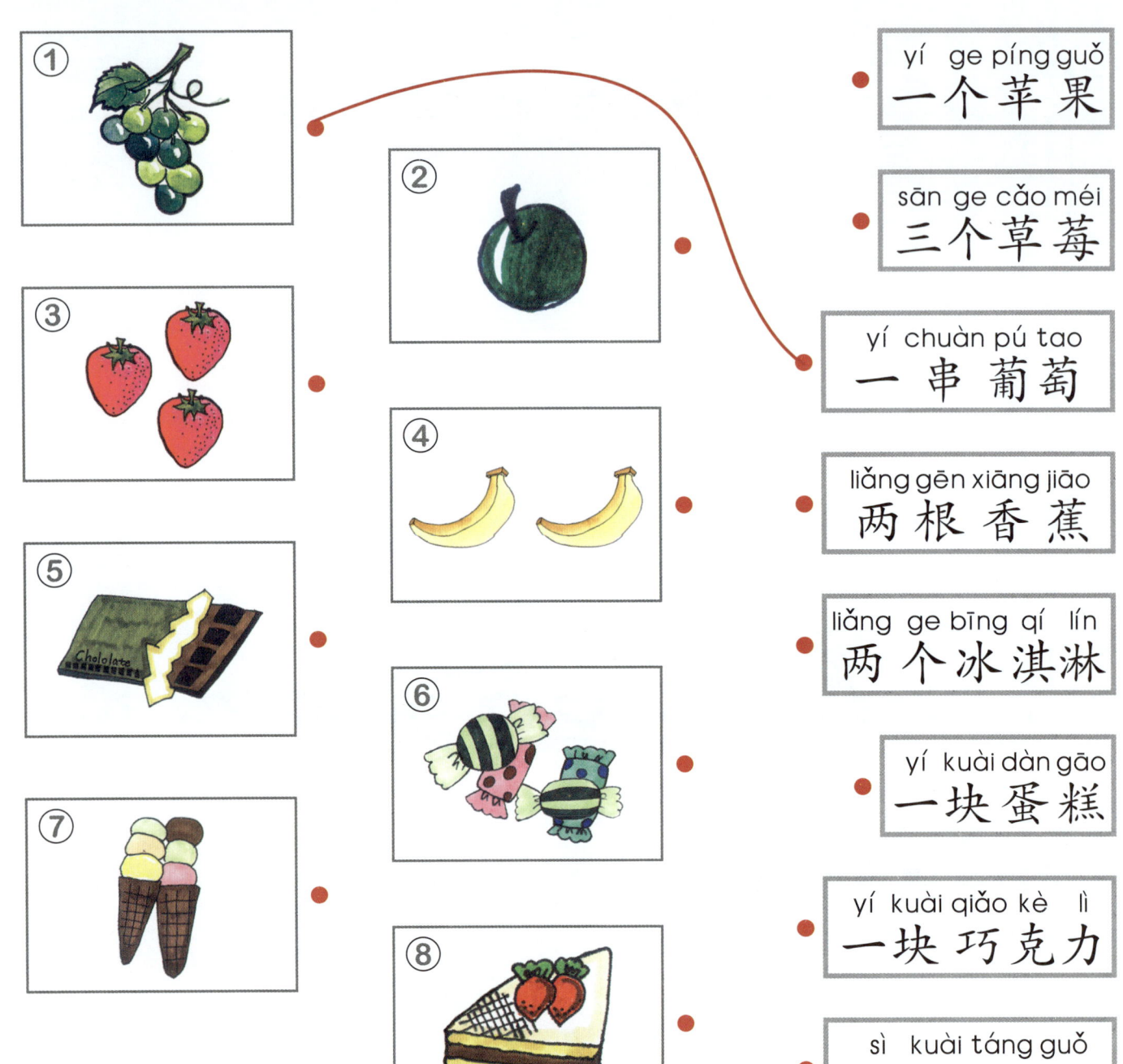

2. Circle the foods/animals which don't match with the Chinese below.

zǐ sè de táng guǒ	chéng sè de dàn gāo	hóng sè de píng guǒ
紫色的糖果	橙色的蛋糕	红色的苹果
bái sè de xiāng jiāo	fěn hóng sè de qiǎo kè lì	bái sè de bīng qí lín
白色的香蕉	粉红色的巧克力	白色的冰淇淋
huáng sè de pú tao	hēi sè de xiǎo māo	lán sè de tù zi
黄色的葡萄	黑色的小猫	蓝色的兔子

3. Find the strokes and trace them with the colours given. Count up each type of stroke and write down the numbers in Chinese.

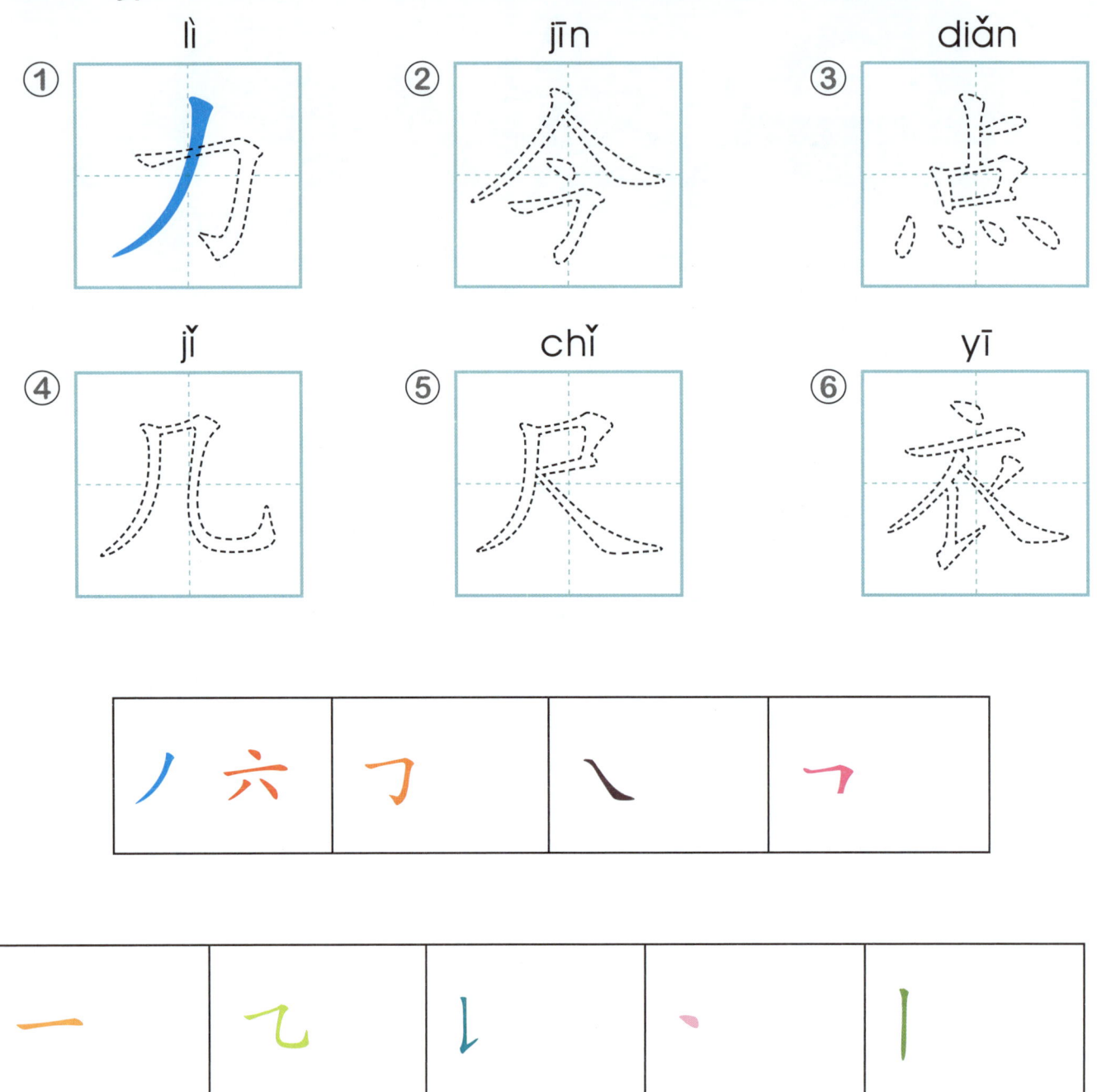

4. Read the Chinese aloud and colour in the items in the picture.

zǐ sè de pú tao
紫色的葡萄

chéng sè de yī fu
橙色的衣服

fěn hóng sè de xié
粉红色的鞋

hēi sè de gǒu
黑色的狗

hēi sè hé bái sè de māo
黑色和白色的猫

lán sè de yú
蓝色的鱼

lǜ sè de píng guǒ
绿色的苹果

huáng sè de xiāng jiāo
黄色的香蕉

hóng sè de cǎo méi
红色的草莓

5. Match the Chinese with the English.

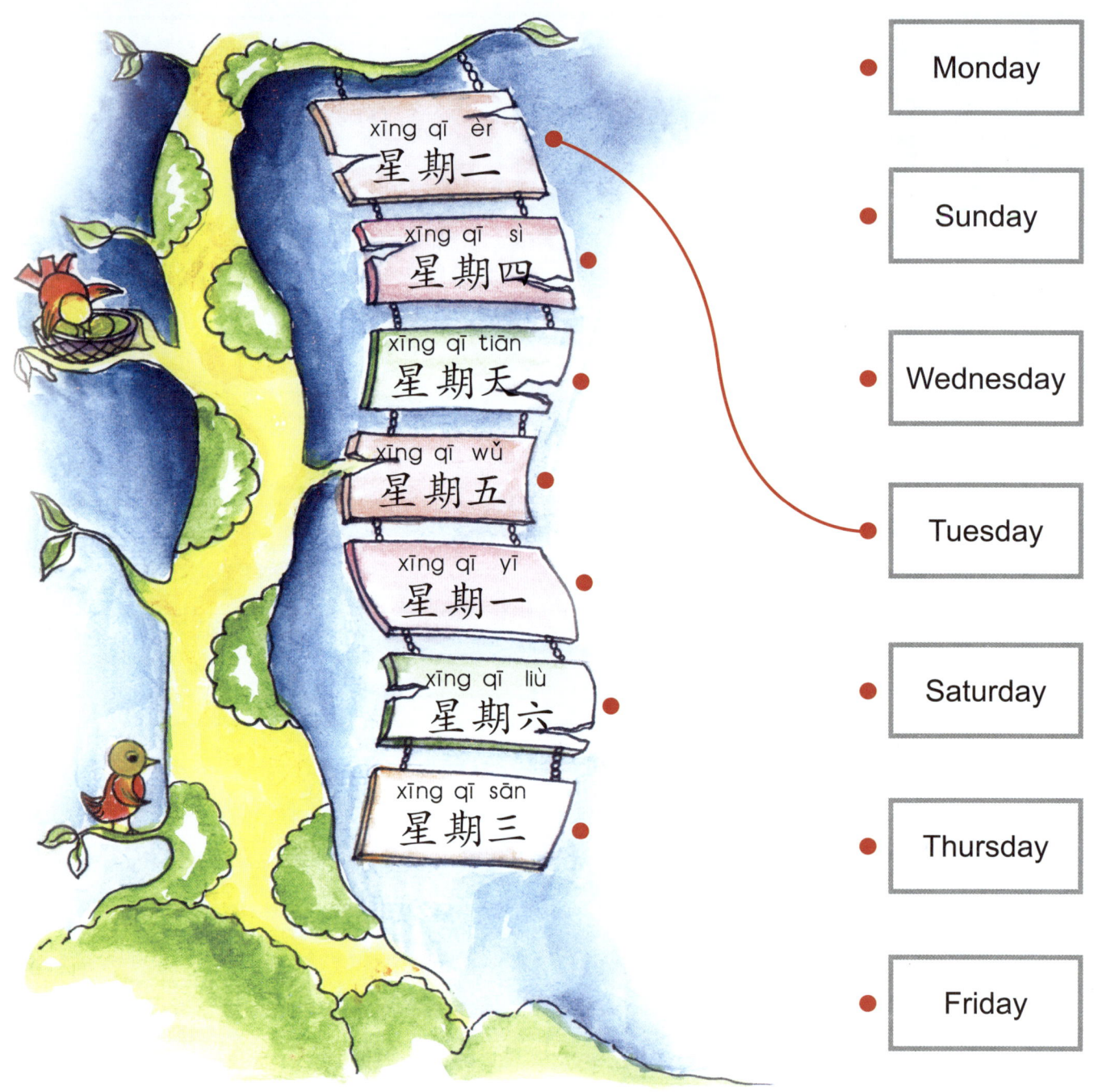

6. Find the sentences and write down their meanings.

wǒ 我	bù 不	xǐ 喜	huan 欢	chī 吃	dàn 蛋
ài 爱	chī 吃	bīng 冰	hé 和	qiǎo 巧	gāo 糕。①
mèi 妹	mei 妹	qí 淇	lín 淋	kè 克	lì 力。②
jiě 姐	měi 每	tiān 天	chī 吃	táng 糖	guǒ 果。③
jie 姐	bú 不	ài 爱	chī 吃	pú 葡	tao 萄。④
měi 每	liǎng 两	ge 个	hé 和	yī 一	jiāo 蕉。⑤
tiān 天	chī 吃	píng 苹	guǒ 果	gēn 根	xiāng 香

① I don't like to eat cakes.

②

③

④

⑤

7. Find the odd one out.

① táng guǒ 糖果　　dàn gāo 蛋糕　　(qiān bǐ 铅笔)　　bīng qí lín 冰淇淋

② xiàng pí 橡皮　　lǎo hǔ 老虎　　hóu zi 猴子　　xióng māo 熊猫

③ chǐ zi 尺子　　pú tao 葡萄　　jiǎn dāo 剪刀　　cǎi sè bǐ 彩色笔

④ zhuō zi 桌子　　yǐ zi 椅子　　jiào shì 教室　　hēi sè 黑色

⑤ shuā yá 刷牙　　shū tóu 梳头　　wá wa 娃娃　　chuān yī fu 穿衣服

⑥ kàn shū 看书　　xiě zì 写字　　péng you 朋友　　wánr yóu xì 玩儿游戏

⑦ fěn hóng sè 粉红色　　dòng wù yuán 动物园　　chéng sè 橙色　　zǐ sè 紫色

⑧ wán jù xióng 玩具熊　　tù zi 兔子　　wán jù fēi jī 玩具飞机　　wán jù huǒ chē 玩具火车

⑨ jīn yú 金鱼　　yǎn jing 眼睛　　bí zi 鼻子　　zuǐ ba 嘴巴

8. Read the Chinese. Draw the foods and colour them in.

zhuō zi shang yǒu liǎng ge píng guǒ　　yì gēn xiāng jiāo　sān ge cǎo méi
桌子上有两个苹果、一根香蕉、三个草莓、
yí chuàn pú tao　　sì kuài táng guǒ　　yí kuài qiǎo kè lì hé yí kuài dàn gāo
一串葡萄、四块糖果、一块巧克力和一块蛋糕。